DIE BESTEN REZEPTE DER NEXT GENERATION
AUS DEM HOCHSCHWARZWALD

HEIMAT KÜCHE

HERAUSGEGEBEN VON
THORSTEN RUDOLPH UND ULF TIETGE

team tietge.

Ein verschworener (Wälder-)Haufen: (hinten von links) Matthias Schwer, Johannes Dünnebacke, Alexander Maier, Manuel Schwörer; (Mitte von links) Daniel Frech, Volker Hupfer, Aline Wimmer-You; (vorn von links) Lorenz Baschnagel, Iván Lagunas Romeo

Jung, wild & echt

Gestatten: Wir sind die Next Generation – neun junge (und jung gebliebene) Köche aus dem Hochschwarzwald, die mehr verbindet als das Alter und die Liebe zu gutem Essen, zum Beruf und zu unseren jeweiligen Gasthäusern und Hotels. Was uns vor allem zusammengebracht hat, ist unsere gemeinsame Heimat. Denn in diese, in unseren Hochschwarzwald, sind wir nach unseren Reisen durch die nahe und ferne kulinarische Weltgeschichte alle wieder zurückgekehrt oder haben sie gar nie verlassen. Insofern dürft Ihr dieses Buch auch gern als eine kulinarische Liebeserklärung verstehen: an unser wunderbares Zuhause, an die Menschen, die hier leben, und an eine Heimatküche, die sich auf der ganzen Welt vor keiner zu verstecken braucht.

Was sicherlich richtig ist: Wir sind eine Generation mit Privilegien. Das wissen wir. Was wir von unseren Stationen und Reisen mitgebracht haben, ist ein Stück der großen weiten Welt, die unsere Eltern – und vor allem unsere Großeltern – zu ihrer Zeit so nie kennenlernen durften. Und so konnten sie eben auch nie die Erfahrung machen, dass man aus der Schwarzwälder Ziege ein köstliches Tom Kha Gai zaubern oder dass zum Weidelamm auch eine Vanille-Polenta perfekt matchen kann. Dass wir nach unserer Rückkehr die vielen gewachsenen Traditionen in unseren Familien nicht gleich über den Haufen geschmissen haben, sondern – im Gegenteil – unser mitgebrachtes Wissen und unseren Elan behutsam integrierten, war uns daher allen sehr wichtig. Und das hat natürlich auch etwas mit Respekt zu tun: vor der Leistung unserer Eltern und Großeltern, die mit ihrem Schaffen und ihren Ideen dafür den Grundstein legten, dass wir heute unsere Hochschwarzwälder Küche auf die nächste Stufe bringen können.

Warum wir das auch gerne zusammen machen? Ganz einfach: weil es Spaß macht! Der Austausch, das Miteinander und die gegenseitige Unterstützung sind das, was uns als Next Generation auszeichnet. Deshalb war es uns auch ein Anliegen, dass wir Euch unsere liebsten Rezepte mit unseren Geschichten und Tipps für die feinsten Genussmanufakturen gemeinsam mit den ebenso Food-verrückten #heimat-Machern aus dem Offenburger team tietge und unseren Partnern von Hochschwarzwald Tourismus in einem Buch präsentieren.
Herausgekommen ist ein bildgewaltiges Werk (danke für die tollen Fotos, lieber Dimitri Dell), das Euch hoffentlich genauso viel kulinarische Freude bereitet wie uns. Eines, in der Heimat eben nicht nur eine Region ist, sondern auch ein Gefühl der Verbundenheit ...

Eure Next Generation

Inhalt

Das Beste aus dem Wald in einem Topf vereint: In Volker Hupfers One-Pot-Rehkeule (S. 160) trifft zartes Wild auf erdige Pilze und einen würzigen Wildfond. Ob Gemüse, Obst, Fisch oder Fleisch: Für sämtliche Rezepte in diesem Buch haben sich die Köche von den besten Produkten aus der Region inspirieren lassen

Neun Freunde müsst ihr sein

Die Next Generation kocht nicht nur für sich, sondern steht stellvertretend für den Hochschwarzwald als Genussregion – mit Zukunft! Schließlich kann Heimatküche so viel mehr als Forelle Müllerin oder Wurschtsalat. Eine Küchenparty zum Kennenlernen …

Jetzt erst mal ein Bierle. Schließlich sind alle Vorbereitungen für die Küchenparty gemacht und die Gäste noch nicht da. Die Hausführung in Lorenz Baschnagels frisch saniertem Familienressort haben die Köche auch schon bekommen. Der allgemeine Tenor: sehr schön! Der moderne Anbau passt wunderbar zu dem altgedienten Schwarzwaldhaus, der Schlüchtmühle, die ebenfalls von Grund auf erneuert wurde. Den Bauherrn freut's! Sein neues Haus liegt quasi auf dem Weg zur Tannenmühle, dem idyllisch in ein enges Tal eingebetteten Hotel und Gasthaus in Grafenhausen. Es ist das Stammhaus der Familie.

Der Umbaustress der vergangenen Wochen und Monate ist Lorenz anzusehen. Genauso wie die Freude darauf, dass er an diesem Abend auch mal die Baupläne in der Tasche lassen und mit den befreundeten Kollegen eine Küchensause feiern kann. Dann zischen auch schon die Kronkorken. „Proscht zämme", ruft's aus dem Küchengewusel heraus. Mit einem inbrünstigen „Oui, Chef" prosten sich die Köche und die Köchin – mit Aline Wimmer-You ist immerhin eine unter den gerade loslachenden Herrschaften mit dabei – im Küchensprech zu. Ganz so viel Zeit hat die Genussfraktion der Next Generation dann aber doch nicht für die Ruhe vor dem Sturm. Die ersten Gäste stehen schon vor dem Haus. Es wird gleich sehr voll werden …
Empfangen werden die Besucher bereits von Lorenz' Vater Guido. Und der ist nicht nur stolz auf den Umbau, sondern gerade auch auf seine kochenden Gäste, die Freunde seines Sohnes, die da heute die Küche der Familie schmeißen werden. „Darauf könnt ihr euch schon freuen", wird der Hausherr nicht müde zu versprechen. „Diese jungen Wilden haben richtig was drauf!"

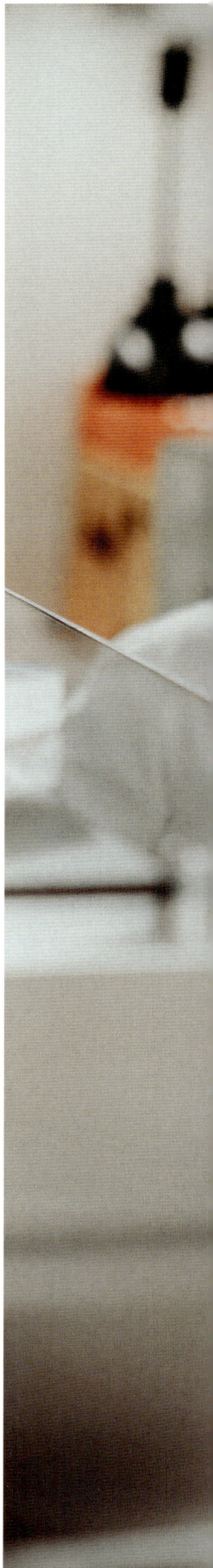

In der Schlüchtmühle in Grafenhausen bereiten die Köche ihre Gerichte für die Küchenparty vor. Alexander Maier (rechts) hat jetzt schon gut lachen, Manuel Schwörer (unten) muss noch brutzeln. Und während Doro und Volker Hupfer (unten rechts) noch ein bisschen schnippeln müssen, steht Johannes Dünnebacke (unten links) bereits an der Anrichte

In der Tat! Es ist ja auch nicht die erste Küchenparty, die diese neun jungen Köche im Hochschwarzwald zusammen feiern. Vor nicht allzu langer Zeit kochte die Next Generation bei einem Secret Dinner noch in alten Eisenbahnwaggons (diese Geschichte erzählen wir ab Seite 80), und selbst in einer Gondel am Feldberg tischten die Freunde bereits auf. Ihre Mission dahinter: Zusammenschluss statt Konkurrenzdenken – um den kulinarischen Hochschwarzwald zukunftsorientiert und innovativ weiterzuentwickeln. Schließlich gibt es hier in dieser Ecke ein besonders reichhaltiges Erbe, das es eben nicht nur zu bewahren gilt.

Und so entstehen – zusammen mit der Hochschwarzwald Tourismus GmbH (HTG) – nicht nur spannende Genussprojekte, sondern auch Netzwerke, um sich gegenseitig zu helfen. Dabei sind Sabrina Pfrengle und Christine Kern, bei der HTG zuständig für Genuss, fast schon ein bisschen so was wie das familiäre Management der Truppe geworden. „Es macht halt einfach auch Spaß, mit dieser lustigen Truppe zusammen was auf die Beine zu stellen", findet Sabrina. Dazu kommt das gemeinsame Ziel: „Den klassischen Familienbetrieb, das Gasthaus, wie bei uns gibt es noch in den Alpen, aber ansonsten doch kaum noch irgendwo in Deutschland", sagt Matthias „Matze" Schwer vom Kreuz in St. Märgen, der in der Truppe nicht nur bekannt für den nach Familienrezept hausgeräucherten Schwarzwälder Schinken ist, sondern auch für seine Dessertkünste. Diese Kultur zu erhalten und in die heutige

„Wer den Koch kennt, braucht vor dem Essen nicht beten."

... steht auf einem Schild in Iváns Kamino geschrieben.

Zeit zu bringen, sei schon ein großer Ansporn, den man gemeinsam habe.

Dass dabei jeder so sein eigenes Ding mit in die Gruppe hineinbringt, dürfte klar sein. Iván Lagunas Romeo zum Beispiel, gebürtiger Spanier und der Liebe wegen in Häusern gelandet (und geblieben), führt in seinem Kamino die badische und spanische Küche zusammen. Fusion nennt man das. Und wenn er seine Schwarzwälder Speck-Chips zur Guacamole als Tapas kredenzt, dürfte jeder verstehen, was damit gemeint ist.
Oder Alexander Maier, der Jüngste der Truppe. Der Rössle-Nachfolger im Todtmooser Ortsteil Strick hat vor einiger Zeit seine Liebe für Wildkräuter entdeckt, die er auf den saftigen Wiesen des Hochschwarzwalds sammelt und die längst zum Markenzeichen seiner Küche geworden sind. Auch an diesem Abend kommt kaum einer an ihm vorbei, ohne seine frittierten Brennnesselchips probieren zu dürfen. „Besser als jeder Kartoffelchip!", preist er freudig und selbstbewusst an. Dass die kulinarisch-neugierigen Gäste da

„Bin gleich so weit": Matze Schwer rührt noch mal kräftig im Saucentopf. Die Gerichte der Küchenparty können sich sehen lassen

nicht vorbeikommen, dürfte auf der Hand liegen. Wenn Essen zum Event wird, zieht es eben Aufmerksamkeit auf sich. Und wenn diese Aufmerksamkeit für eine gute, frische und kreative Heimatküche steht, ist die Next Generation ihrem gemeinsamen Ziel auch schon wieder ein Stückchen näher gerückt.

Weitere Beispiele für die spannende Vielfalt der Truppe gefällig? Nebenan, direkt neben der wuseligen Küche, in der die Töpfe noch dampfen und das Kurzgebratene in den Pfannen zischt, richten Dorothee und Volker Hupfer vom Waldfrieden in Herrenschwand ihr Schwarzwald-Sushi an – edel und mit jeder Menge Sterne-verdächtigem Fingerspitzengefühl. Schließlich hat Volker nicht nur in der Traube Tonbach in

Schmeckt! Aline Wimmer-You, Daniel Frech und Matthias Schwer sind mit dem Kochergebnis einverstanden (Bild oben, von links). Lorenz Baschnagel (links) begrüßt seine Gäste, während Julia Baschnagel (darunter, zweite von rechts) zusammen mit den Hupfers das Essen anrichtet

Baiersbronn gelernt, sondern inzwischen selbst einen Stern – einen grünen, für besonders nachhaltige Gastronomie. Am selben Ausgabetisch packt auch Gastgeberin Julia Baschnagel beim Anrichten mit an. Ehemann Lorenz bringt aus dem Wolfsburger Aqua ebenfalls Sterne-Erfahrung mit. Die Tannenmühle-Küche ist bekannt für ihre Forellen (aus dem eigenen Teich, hier direkt um die Ecke). Also gibt's heute Lachsforellentatar der allerfrischesten Sorte. Manuel Schwörer konzentriert sich in der Küche derweil wie Daniel Frech auf seinen Beitrag (von Manuel aus dem Lenzkircher Hotel Schwörer gibt's Kalbssteak mit Gemüserösti, Daniel hat aus seinem Posthorn in Ühlingen-Birkendorf Spargel mit Forellenkaviar mitgebracht). Vegetarisch wird bei Aline Wimmer-You vom Adler in Bärental gekocht: mit ihrer Version von Tomate-Mozzarella zum Löffeln. Johannes Dünnebacke vom Hotel Schlehdorn am Feldberg geht da schon klassischer an die Sache – mit Sülze vom Maibock, selbst geschossen.

Und die Gäste? Staunen! So modern und vielseitig haben sie ihre Hochschwarzwälder Heimatküche eben noch nie erlebt. Dass sie ist, wie sie ist, hat natürlich auch mit den unterschiedlichen Biografien der Köchin und der Köche sowie den Geschichten ihrer Familien zu tun. Ein Glück, haben wir diese auf den folgenden Seiten zusammengetragen – genauso wie die Rezepte für die vielen köstlichen Gerichte, die aus ihnen entstanden sind …

Was kommt ins Körbchen?

Was am Ende dabei rauskommt, bestimmt das, was vorher reinkommt: Gute Rezepte sind die eine Sache, gute, hochwertige Zutaten sind die andere Grundlage beim Kochen. Glücklicherweise gibt es die im Hochschwarzwald zur Genüge ...

Weder die voll ausgerüstete Profiküche macht das beste Essen, noch kocht es die ausgefuchsteste Küchenmaschine. Vielmehr braucht es Zuneigung, die man den Gerichten schenkt. Sie ist die Hauptzutat Nummer 1 – und sie färbt ab auf die weiteren Zutaten. Aber auf die kommt es natürlich auch an. Denn bekanntlich kann das, was auf dem Teller landet, nur so gut sein wie das, was vorher in den Topf kam. Doch diese guten, frischen Zutaten gibt es im Hochschwarzwald glücklicherweise zuhauf. Und das Tolle dabei: Teilweise kosten sie nicht einmal einen Cent. Wer etwa in die Pilze in die zahllosen naturbelassenen Wälder geht, weiß, wovon die Rede ist. Nur Zeit kostet es, aber die ist schließlich auch eine Form besagter Zuneigung.

Frischer geht's nicht: Wer bewusst einkauft wie hier im Landmarkt WÄLDER:Genuss und zu frischem Gemüse wie auf dem Bild oben greift, trifft immer die richtige Wahl. Genauso wie mit frisch gebackenem Brot und qualitativ hochwertigem Fleisch

Es reicht ein weiterer Blick in die Natur, um zu begreifen, welche Schätze diese Region bereithält. Auf saftigen Wiesen grasen Rinder, an Steilhängen Ziegen, und in klaren Bächen und Teichen schwimmen Forellen. Was von den Weidetieren nicht zu Fleisch wird, wird nicht selten zu Joghurt oder Käse verarbeitet, der in den zahlreichen Hofläden der Region erhältlich ist (ein paar besonders spannende Produzenten mit Direktverkauf stellen wir Euch in diesem Buch auf den kommenden Seiten vor). Dazu kommen die vielen kleinen Wochen- und Bauernmärkte der Region sowie weitere Verkostungsevents, auf denen sich Gutes entdecken lässt. Von Obst, Gemüse, Fleisch, Fisch, Käse, Brot, Nudeln und vielem mehr. Auch Erzeuger aus dem Rheintal zieht es dann hinauf in die Höhe. Schließlich wächst hier nicht alles, so ehrlich muss man sein. Aber egal: Die Wege ins sonnenverwöhnte Markgräflerland oder in den Breisgau sind ja nicht weit …

Wer alles zusammen an einem Ort finden möchte, wird im Hochschwarzwald ebenfalls fündig. In gut sortierten Lebensmittelmärkten. Oder auch im Landmarkt WÄLDER:Genuss, der am Feldberg gerade als zweite Naturparkscheune im südlichen Schwarzwald eröffnet und sich zum Ziel gesetzt hat, Einkäufern das volle Sortiment an Naturprodukten anzubieten, die sie im Schwarzwald suchen – vom Schwarzwälder Schinken über die Räucherforelle bis zum heimischen Brot und Käse. In thematisch sortierten „Straßen" präsentieren die Leckereiensammler in ihrem Landmarkt etwa alles rund um Bienen- und Imkereiprodukte oder die Biere des Schwarzwalds. Das Brot ist frisch gebacken – und eine Schwarzwälder Wirtschaft gibt es im zweiten Stock praktischerweise auch noch. Dazu gibt es täglich frisches Obst und Gemüse aus der Region. Auch an Sonntagen, an denen der Landmarkt mit Gastwirtschaft ebenfalls geöffnet hat. X

HÄPPLE

Darf's ein bisschen Abwechslung sein? Für viele Schwarzwälder wäre ein Restaurantbesuch ohne den kleinen gemischten Salat zum Auftakt ja schlicht undenkbar. Gut, dass unsere Schwarzwaldköche da beim Thema Vorspeise mit jeder Menge spannender und frischer Ideen aufwarten. Vorhang auf für Wildkräutersalat, Ziegenfrischkäse, Forellentatar und vieles mehr!

Rezept von Iván Lagunas Romeo
Gericht für 4 Personen | Zeit: ca. 30 Minuten

GUACAMOLE MIT SCHWARZWÄLDER SPECK-CHIPS

Es gibt ja Gelegenheiten, bei denen es gern richtig deftig sein darf: Wenn man mit Freunden auf der Couch einen Fußballabend macht und das Spiel vom SC mit einem Bierchen feiert, braucht es einfach was zu knabbern. Kartoffelchips? Kennt jeder. Erdnuss-Flips? Total 90er! Reiswaffeln? Bitte nicht! Wie also wäre es mit diesen herrlichen Chips aus Schwarzwälder Bauchspeck?

GUACAMOLE

3	reife Avocados
10 g	Ingwer
1	kleine Chilischote
3	Kirschtomaten
etwas	Olivenöl
	Salz, weißer Pfeffer
1	Limette, Saft

SPECK-CHIPS

200 g	Schwarzwälder Bauchspeckscheiben

Für die **Guacamole** die Avocados halbieren, schälen und den Kern entfernen. Den Ingwer schälen und sehr klein schneiden, ebenso die Chilischote. Zusammen mit den Kirschtomaten, dem Olivenöl, Salz, Pfeffer und Limettensaft in einen Mixer (z. B. Thermomix oder Bosch Cookit) geben und zerkleinern, bis eine homogene Masse entsteht.

Die Bauchspeckscheiben lasst Ihr am besten bei Eurem Metzger 3 Millimeter dick aufschneiden. Im Notfall tut es auch der abgepackte Bacon aus dem Supermarkt, aber die Scheiben sind meist viel zu dünn. Für die **Speck-Chips** die Schwarzwälder Bauchspeckscheiben bei hoher Hitze ohne Fett in eine Pfanne geben und auf beiden Seiten knusprig braten. Nach dem Braten herausnehmen und auf Küchenpapier legen, um das überschüssige Fett aufzusaugen.

Die Speck-Chips in kleinen Zeitungstütchen oder einfach in Schälchen anrichten und mit der Guacamole servieren. Schmeckt übrigens nicht nur zum Fußball – sondern auch wunderbar als kleiner Nachmittagssnack oder als kross-würzige Vorspeise!

Rezept von Daniel Frech
Gericht für 4 Personen | Zeit 60 Minuten

ZIEGENKÄSEMOUSSE MIT PESTO, TOMATEN-MELANGE & BAUERNBROT

Für die **Tomaten-Melange** – Melange steht für Gemisch, Mixtur – den Zucker in einer Pfanne erhitzen, bis er karamellisiert. Schalotte und Knoblauch schälen, fein würfeln und dazugeben. Mit Tomatenessig ablöschen. Tomatensaft und -sauce sowie das Olivenöl dazugeben und aufkochen lassen. Die gehackten Kräuter und die halbierten Kirschtomaten in den heißen Sud geben. Die Melange mit Salz und Pfeffer abschmecken.

Das **Basilikum** waschen, trocknen und grob klein schneiden. Die Haselnusskerne in einer Pfanne leicht anrösten. Beides zusammen mit den restlichen Zutaten in ein hohes Gefäß geben und mit dem Pürierstab zu einem feinen **Pesto** pürieren.

Für das **Tomatenpesto** ebenfalls alle Zutaten im Mixer fein pürieren – auch hier schmeckt's noch ein bisschen intensiver, wenn die Haselnüsse vorher leicht angeröstet wurden.

Für die **Ziegenkäsemousse** die Gelatine in kaltem Wasser einweichen. Den Zitronensaft mit dem Abrieb, dem Ziegenfrischkäse, dem Sahnemeerrettich und dem Olivenöl verrühren. Die Gelatine ausdrücken und bei schwacher Hitze zusammen mit einem Esslöffel der Masse erwärmen, bis die Gelatine sich aufgelöst hat. Unter die restliche Ziegenkäsemasse rühren, mit Salz, Pfeffer und Paprikapulver abschmecken und kurz kalt stellen. Die Sahne steif schlagen und unter die Masse heben. Die Mousse in einen Spritzbeutel füllen und kalt stellen.

Die **Bauernbrotscheiben** halbieren. Etwas Olivenöl in einer Pfanne erhitzen und die Brotscheiben darin knusprig anbraten. Ihr könnt dafür übrigens auch Brot nehmen, das schon 2–3 Tage alt ist.

Die Melange lauwarm auf tiefe Teller verteilen und jeweils einen großen Klecks Ziegenkäsemousse daraufsetzen. Mit Pesto und Brot anrichten und nach Lust und Laune mit frischen Kräutern – Basilikum, Kerbel, Estragon oder Kresse passen zum Beispiel gut – garnieren.

TOMATEN-MELANGE

20 g	Zucker
1	Schalotte
1	Knoblauchzehe
25 ml	Tomatenessig
100 ml	Tomatensaft
150 ml	Tomatensauce
50 ml	Olivenöl
150 g	Kirschtomaten
etwas	Thymian, Rosmarin, Koriander, Basilikum

BASILIKUMPESTO

1 Bund	Basilikum
100 g	Parmesan, gerieben
100 g	Haselnusskerne
150 ml	Olivenöl
	Salz, Pfeffer, Knoblauch

TOMATENPESTO

100 g	Tomaten, getrocknet und eingelegt
50 ml	Tomaten-Einlegesud
50 g	Parmesan, gerieben
50 g	Haselnusskerne
100 ml	Olivenöl
	Salz und Pfeffer

ZIEGENKÄSEMOUSSE

2 Blatt	Gelatine
½	Zitrone, Saft und Abrieb
240 g	Ziegenfrischkäse
1 EL	Sahnemeerrettich
20 ml	Olivenöl
130 g	Schlagsahne
	Salz, Pfeffer, Paprika

2	Scheiben Bauernbrot
etwas	Olivenöl
1	Handvoll Kräuter

Rezept von Matthias Schwer
Gericht für 4 Personen | Zeit ca. 45 Minuten

ZIEGENFRISCHKÄSE AN GURKE, BROMBEERE & ZITRONENMARMELADE

Auch bei uns im Hochschwarzwald wird es im Sommer manchmal richtig heiß. Nicht so arg wie unten am Rhein – aber eben so, dass man Lust auf eine ganz leichte, erfrischende Küche hat. Und dann ist dieser Frischkäse mit Gurke, Brombeere und Zitronenmarmelade genau das Richtige! Einfach perfekt für einen tollen Abend mit Freunden auf der Terrasse!

ZITRONENMARMELADE

3	Zitronen
60 g	Zucker
200 ml	Olivenöl

ZIEGENFRISCHKÄSE

1	Gurke
1	Schale Brombeeren
400 g	Ziegenfrischkäse

DRESSING

	Salz, Pfeffer
1 EL	Himbeeressig
2 EL	Mandelöl

TOPPING

frische Kräuter wie Kerbel, Blutampfer, Veilchen oder Melisse

Für die **Zitronenmarmelade** die Zitronen schälen und filetieren. Dabei darauf achten, dass keine Kerne dabei sind. Die Zitronenfilets wiegen und Zucker im Verhältnis von sechs zu zehn hinzugeben (also 60 g Zucker auf 100 g Zitronenfilet). Zusammen aufkochen, erkalten lassen und wie eine Mayonnaise mit dem Olivenöl aufschlagen.

Die Gurke waschen und etwa 12cm lange Streifen herunterhobeln, die Brombeeren waschen. Den **Ziegenfrischkäse** (wir nehmen am liebsten den vom Ringlihof in Horben) in 1 cm dicke Taler schneiden und diese Taler vierteln.

Die Gurkenstreifen mit Salz, Pfeffer, Himbeeressig und Mandelöl marinieren. Dazu erst die Gewürze mit dem Essig verrühren, dann das Öl einlaufen lassen und eine Emulsion herstellen. Darin die Gurkenstreifen für zwei, drei Minuten marinieren.

Den Ziegenkäse auf einem Teller kreativ verteilen, die Gurkenstreifen und die Brombeeren dazwischen drapieren. Die Zitronenmarmelade mit einem Löffel großzügig darauf verteilen. Mit den Kräutern garnieren – zum Beispiel mit Kerbel, Blutampfer, Veilchen oder Melisse.

Rezept von Johannes Dünnebacke
Gericht für 4 Personen | Zeit 30 Minuten

SPARGELSALAT MIT ZITRUSDRESSING UND CRUNCHY ZIEGENKÄSE

Den **Spargel** schälen und in Salzwasser weich kochen. Beim weißen dauert das etwa 15 Minuten, der grüne ist bereits nach 6–8 Minuten gar. Aus dem Wasser nehmen und auskühlen lassen.

Für das **Dressing** die Schalotte würfeln. Den Weißwein in einem Topf aufkochen und die Schalottenwürfel, den Zitronensaft, den Senf, das Traubenkernmehl und das Traubenkernöl hineingeben. Die Masse mit Salz und Pfeffer abschmecken und mit einem Stabmixer fein pürieren.

Für den karamellisierten **Ziegenkäse** die Käserollen in jeweils etwa 1 cm breite Scheiben schneiden. Mit braunem Zucker bestreuen und mit einem Bunsenbrenner karamellisieren. Alternativ geht das auch unter dem Grill im Backofen. Dafür den Ofen auf 200 Grad in der Grillfunktion vorheizen. Den Ziegenkäse für wenige Minuten auf der obersten Schiene in den Ofen stellen, bis der Zucker karamellisiert.

Den kalten Spargel in 4–5 cm breite Stücke schneiden und mit dem Dressing marinieren. Den Wildkräutersalat waschen, trocken schleudern und unter den marinierten Spargel geben. Den Ziegenkäse daraufsetzen und nach Belieben mit Bärlauch-Pesto und ein paar Scheiben Radieschen garnieren.

SPARGEL

1 kg grüner und weißer Spargel vom Bauern
Salz

DRESSING

1 Schalotte
100 ml Weißwein
2 Zitronen, Saft
1 TL Senf
1 TL Traubenkernmehl
200 ml Traubenkernöl
Salz, Pfeffer

ZIEGENKÄSE

2 Rollen Ziegenweißschimmelkäse
50 g brauner Zucker

200 g Wildkräutersalat
2 EL Bärlauch-Pesto
2 Radieschen

Rezept von Alexander Maier
Gericht für 4 Personen | Zeit für einen Spaziergang + Zubereitung 20 Minuten

WILDKRÄUTERSALAT VON DER SCHWARZWALDWIESE

Die Kräuter solltet Ihr unbedingt auf einer ungedüngten Wiese suchen! Je nach Zeit und Wetterlage lassen sich die unterschiedlichsten Kräuter finden. Für unseren Salat haben wir zum Beispiel Blätter von Schafgarbe, Gundermann, Löwenzahn, Bärenkraut sowie ein paar frische Rote und Schwarze Johannisbeeren gesammelt. Natürlich sind Eurer Fantasie dabei aber keine Grenzen gesetzt.

WILDKRÄUTERSALAT

400 g	Wildkräuter, zum Beispiel Schafgarbe, Gundermann, Löwenzahnblätter, Bärenkraut, Rote und Schwarze Johannisbeeren, Wilder Majoran, Labkraut

DRESSING

1 EL	Essig
4 EL	Sonnenblumenöl
1 EL	Löwenzahnsirup
	Senf
etwas	Zitronensaft
	Salz, Pfeffer

KARTOFFELCHIPS

2–3	Kartoffeln
	Öl zum Frittieren

Die Zutaten für den **Wildkräutersalat** gründlich waschen und trocken schleudern. Wenn Ihr den Salat als Beilage serviert, braucht Ihr etwa 100 g Wildkräuter pro Person.

Für das **Dressing** den Essig mit dem Sonnenblumenöl, Löwenzahnsirup, Senf und etwas Zitronensaft vermischen. Mit Salz und Pfeffer abschmecken.

Die **Kartoffeln** gründlich waschen und mit dem Sparschäler in dünne Scheiben schneiden. Schälen braucht Ihr sie nicht. Beim Schnitt darauf achten, dass schöne runde Scheiben entstehen. Die Kartoffeln noch mal waschen, damit sich die Stärke ablöst und die Kartoffeln gleichmäßig bräunen können. In dem Frittieröl knusprig ausbacken. Für ein optisches Highlight könnt Ihr gerne auch rote oder blaue Kartoffeln verwenden.

Den Wildkräutersalat mit dem Dressing vermischen und auf großen Tellern anrichten. Mit den Kartoffelchips garnieren und sofort genießen.

Rezept von Manuel Schwörer
Gericht für 4 Personen | Zeit 30 Minuten

LACHS IM SESAMMANTEL AUF APFEL-BIRNEN-CARPACCIO

Das **Lachsfilet** in 12 bis 16 Stücke schneiden und mit Salz und Pfeffer würzen. Etwas Zitronensaft darüberträufeln, in Mehl wälzen und in Ei und Sesam panieren.

Für das **Apfel-Birnen-Carpaccio** Äpfel und Birnen waschen und in hauchdünne Scheiben schneiden. Schälen braucht Ihr das Obst nicht.

Für das **Dressing** den Ingwer schälen und in sehr feine Würfel schneiden. Das Zitronenöl (oder normales Öl) erhitzen und den Ingwer hinzugeben. Etwas abkühlen lassen und mit weißem Balsamico sowie Salz und Pfeffer abschmecken.

Die Lachswürfel in einer Pfanne gleichmäßig rundherum anbraten und im vorgeheizten Backofen bei 160 Grad etwa 7 Minuten garen. In der Zwischenzeit die Apfel- und Birnenscheiben abwechselnd auf den Teller schichten und mit der Marinade beträufeln. Die Lachswürfel darauf platzieren und die Rote Bete darüberraspeln. Mit dem schwarzen Sesam und ein paar Zweigen frischem Dill garnieren und sofort servieren.

Zitronenöl könnt Ihr übrigens ganz einfach selber machen. Dafür zwei Zitronen heiß abwaschen und trocknen, dann die Zitronenschale sehr dünn mit einem Sparschäler abschälen. Zusammen mit 500 ml Raps- oder Sonnenblumenöl in ein verschließbares Gefäß geben und mindestens eine Woche im Kühlschrank ziehen lassen. Die Schale entfernen – fertig! Das Öl hält sich mehrere Monate und ist ein idealer Begleiter für Salate oder zur Abrundung gekochter Gerichte.

LACHSFILET

500 g	Lachsfilet ohne Haut
etwas	Salz, Pfeffer
1	Zitrone, Saft
100 g	Mehl
2	Eier, verquirlt
60 g	Sesam, geschält

APFEL-BIRNEN-CARPACCIO

2	Äpfel
2	Birnen

DRESSING

40 g	Ingwer
1 EL	Zitronenöl
etwas	weißer Balsamico
etwas	Salz, Pfeffer

1	Rote Bete, vorgegart
2 EL	schwarzer Sesam
etwas	frischer Dill

Rezept von Aline Wimmer-You
Gericht für 4 Personen | Zeit 20 Minuten

GERÄUCHERTES FORELLENTATAR MIT ERFRISCHENDEN GURKEN

Eine Gurke waschen, halbieren, entkernen und in feine Würfel schneiden. Die geräucherten Forellenfilets von der Haut sowie eventuell vorhandenen Gräten befreien und klein schneiden. Die Kartoffeln schälen, fein würfeln und gar kochen. Zum Schluss den Apfel schälen, ebenfalls in kleine Würfel schneiden und sofort mit den anderen Zutaten vermischen, damit er nicht braun wird.

Die Crème fraîche unterheben und alles mit Salz und Pfeffer abschmecken. Den Dill waschen, trocknen und fein hacken. Eventuell einen Esslöffel für die Deko beiseitelegen. Den Rest unter das Tatar mischen und bis zur weiteren Verwendung kalt stellen.

Die zweite Gurke waschen und in feine Scheiben schneiden.

Zum Anrichten das **Tatar** auf vier kleine Schälchen verteilen und die Gurkenscheiben übereinanderlappend am Rand der Schälchen arrangieren.

Wer mag, gibt nun noch ein paar Kirschtomaten oder Radieschen als Deko hinzu. Dafür die Kirschtomaten vierteln und die Radieschen in feine Scheiben schneiden. Zum Tatar geben und nach Belieben noch mit etwas Dill oder frischen Blüten garnieren.

ZUTATEN

2	Gurken
4	Forellenfilets, geräuchert
3	Kartoffeln, mittelgroß
1	Apfel, mittelgroß
200 g	Crème fraîche
etwas	Salz, Pfeffer
1 Bund	Dill

Kirschtomaten, Radieschen, Dill & Blüten als Deko

Spätzle in den Genen

Das Hotel und Restaurant Adler liegt mit Blick auf den Titisee in Feldberg-Bärental. Hier weiß Chefin ***Aline Wimmer-You*** *genau, was sie will: eine ehrliche Küche für Genießer*

Sie wurde schon mit dem Gastronomie-Gen geboren: „Mein Vater sagte immer zu mir: ‚Aline, du kannst eh nicht auf deinem Arsch sitzen, dann geh eben runter', wenn ich am Wochenende nervös oben in unserer Wohnung saß und die Autos auf dem Parkplatz zählte." Dann ging das Mädchen halt ins Restaurant, dorthin, wo was los war. „Das war mein Ding", erinnert sich Aline Wimmer-You an ihre Kindheit im Hotel Adler in Feldberg-Bärental.

Genau hier, am Fuße von Deutschlands höchstem Mittelgebirgsgipfel, ist die Köchin groß geworden. 1978 kaufte Vater Walter das Haus mit den 16 Zimmern. „Eine richtige Bruchbude war das", erinnert sich die Tochter. Walter Wimmer, Küchenmeister, verliebte sich in das Hotel, sanierte es von Grund auf und renovierte es liebevoll. Vieles machte er selbst.

Aline, in Schürze und mit welligem, rotem Haar, strahlt das aus, was man auch in ihren Töpfen und auf den Tellern findet: Bodenständigkeit und Ehrlichkeit. Die Köchin sagt, was sie denkt, direkt und ohne Umschweife. Und genau so serviert sie auch ihre Gerichte: „Ein Tüpfelchen hier und ein Schäumchen da – das brauche ich nicht", sagt sie. Traditionen und Kontakte in der Region sind ihr wichtig. Sie kocht saisonal und regional, schließlich ist sie auch Naturparkwirtin. Das Mehl kommt aus dem nahen Bonndorf, der Fisch aus Lauchringen, der Honig aus dem Wiesental. Die Verbindung zur Natur spürt man im Garten. Dort steht ein Hochbeet: „Damit die kleinen Gäste sehen, wie lange es dauert, bis etwas Gutes heranwächst", erklärt sie.

Gewachsen ist Aline selber – dank Spätzle mit Soß', wie sie sagt – sehr gut. Die mochte sie, wie wahrscheinlich jedes Kind im Südwesten, immer am liebsten. Spätzle und das Geschnetzelte aus der Rehkeule stehen heute noch auf der Karte vom Adler. Selbstverständlich komplett selbstgemacht: Egal ob Brot, Ravioli oder Soßen, Aline und ihr Küchenteam kochen alles frisch. „Bei uns weiß der Gast ganz genau, was er auf den Tellern hat", betont die Köchin. Das schätzen vor allem Gäste mit Unverträglichkeiten sehr.

Aline
Wimmer

Hotel Adler Bärental

Dass sie irgendwann in der Küche des Adlers stehen würde, wusste Aline irgendwie schon immer. Ihre Erfahrungen in der Küche und als ausgebildete Hotelfachfrau sammelte sie aber außerhalb des Schwarzwaldes. Sowohl nach Bayern auf ein Kreuzfahrtschiff als auch nach Irland führten sie ihre Lehrjahre. Den Adler zu übergeben, fiel Walter Wimmer dann aber nicht leicht. Seit 2014 nahm ihm die Tochter Stück für Stück die Aufgaben ab, bis er ihr schließlich ganz die Zügel übergab. Heute steht er ihr noch mit Rat und Tat zur Seite, springt als Babysitter für Alines Sohn Jakob ein oder übernimmt Hausmeisteraufgaben.

Alines Ehemann Johann leitet das Hotel und den Service. „Er ist meine rechte Hand und hält mir den Rücken frei", sagt sie. Ein bisschen ist er hier, mit Baby Jakob, der Hahn im Korb. Denn, ungewöhnlich für die männerdominierte Küchenwelt: Im Adler Feldberg-Bärental stehen mit Aline nur Frauen in der Küche. Die Familie wohnt im zweiten Stock des Hauses, dort, wo auch Aline und ihre Geschwister aufgewachsen sind.

Ob bei Baby Jakob irgendwann auch das Gastro-Gen zum Vorschein kommen und die dritte Generation im Hotel Adler übernehmen wird? „Vielleicht. Aber das ist eigentlich gar nicht wichtig", findet Aline. Erst mal müssen ihm die Spätzle mit Soß' schmecken. Dann entwickeln sich die Dinge ja vielleicht von ganz allein …

Das Geheimnis von Alines leckerer Gemüsepfanne? Frisches, knackiges Gemüse, viel Butter, keine Angst vor Zucker, Salz nach Geschmack und viel Geduld. Einfach, aber unglaublich gut!

Käse, Keller, Kröten

Der Untermühlbachhof in St. Georgen klingt wie ein Experiment für Arbeit und Leben. Braucht man einen Bestimmer? Lässt sich Geld verdienen, auch wenn in Sachen Effizienz viel Luft nach oben ist? Ja, das geht. Und es schmeckt auch noch …

Wer braucht schon einen Chef? Der Untermühlbachhof in Peterzell bei St. Georgen kommt ganz gut ohne aus. Der auskunftsfreudige Albert Hahn, 32, meint, dass er derjenige sei, der den Überblick habe. Die vielen Leute, die auf dem Hof leben, haben alle ihre Aufgaben. Sie machen Käse, räuchern Speck, bauen Gemüse an, backen Brot, pflegen schützenswerte Biotope, geben Hofführungen und vermieten eine Ferienwohnung. Das ist ganz schön viel. Hieß es vor einigen Jahrzehnten nicht, dass man alles abstoßen soll, was nicht zwingend notwendig ist? Die Tiere raus! Oder: Nur Milchvieh! Aber hier läuft alles anders.

Es war vor vier Jahrzehnten, als ein Freiburger Stadtkind, das auch noch Tropenlandwirtschaft studiert hatte, den Untermühlbachhof übernahm. Hans-Hartwig Lützow und seine Familie teilten ihn sich mit einer weiteren. „Man will ja sonntags auch mal frei haben", sagt Hans-Hartwig Lützow. Also lebten am Milbe (also am Mühlbach) zwei Familien, dazu Auszubildende und Praktikanten, Besucher und Leute, die eine Auszeit brauchen.

„Wir machen es so, wie wir es für richtig halten. Zufällig ist es auch Bioland und Demeter", erklärt Hofbauer Albert Hahn, ein studierter Jurist und gelernter Landwirt. „Man wächst mit seinen Aufgaben", sagt er und zeigt ein großartiges Lächeln. Die bunte Vielfalt ist mehr als Zeitgeist, sondern tatsächlich auch sinnhaft. Wo anfangen? Vielleicht da, wo gerade die Kuhglocken bimmeln. Die Vorderwälder-Rinder haben nicht nur einen geräumigen Stall, sondern auch viel Auslauf. Man hört sie nur, sieht sie aber nicht. Genauso wie die Gockel, die alle halbe Stunde den Tag begrüßen (und ja, gegrunzt in allen Tonlagen wird auch, aber dazu später).

Zufällig ist aber Anke zu hören. Sie lacht. Anke ist Hans-Hartwigs Frau und firm in Sachen Käse. Die 20 Kühe produzieren täglich gut 400 Liter Milch. Die Faustregel lautet, dass zehn Liter ein Kilo Käse ergeben. Kundenwünsche, Erfahrungswerte und eigene Ideen lassen das Sortiment anwachsen. Mittlerweile gibt es ein Dutzend Käsesorten. „Am beliebtesten ist der Frischkäse", erzählt die Fachfrau und beugt sich über den Kupferkessel. Jetzt

Oben: Die Hofbauern Hannah und Albert Hahn haben drei kleine Kinder. Ihr Hof (ganz oben) in St. Georgen liegt idyllisch auf über 800 Meter Höhe

Rechts: Hans-Hartwig Lützow ist der Hofgründer und mittlerweile in Rente, aber immer noch aktiv dabei. Dass der Hof wirtschaftlich arbeitet, liegt auch an seinen Konzepten und Ideen

hat sie ein großes Tuch zwischen den Zähnen und spannt mit den Händen dessen Ende über eine biegsame Metallstange. Derweil hängen die Beine in der Luft. Zwischen Händen und Mund spannt sich eine Art Schleppnetz, wie man es aus Filmen über Hochseefischerei kennt. Das zieht sie über den Kesselboden und hebt um die zehn Kilo Käsebruch aus der Molke. Das Netz hat die Form eines Scamorza angenommen, aus dem beständig Wasser abtropft.

Mit Technik und Kraft wuchtet die kleine Person, die wieder fest auf dem Boden steht, den Käsebrocken vom Kupferkessel zum Metalltisch und drückt den Käsebruch in eine Form. Dann legt sie eine Plastikplatte darauf und darauf wieder eine Granitplatte. Das drückt den Käse in die Form. Nach einer halben Stunde nimmt sie den schon festen Käse heraus, dreht ihn, säubert das Tuch und führt das gleiche Prozedere am ersten Tag noch vier weitere Male durch. Danach kommt der Käse in den Käsekeller.

Wenn es draußen zehn Grad minus hat, dann ist es hier zehn bis zwölf Grad warm. Aber wenn es im Hochsommer tropisch wird, dann ist es im Keller zehn bis zwölf Grad kühl. Eine Quelle am Hof sorgt für Frische. Angeblich soll hier sogar eine Kröte hausen. Dichtung oder Wahrheit? Auf jeden Fall lagern hier hundert Käselaibe mit und ohne Kräuter, Schnitt-, Weich- und Bergkäse, die täglich mit Salzlake gewaschen und danach abgebürstet werden müssen. Da die Kühe täglich Milch geben, geht hier was. Sprich: Anke fischt nicht nur einmal den Käsebruch, sondern x-mal, gemolken wird ab morgens halb sieben, und Käse, Joghurt oder Quark muss auch täglich gemacht werden. Wenn auch nicht immer von Anke. Auf dem Land wird eben noch geschafft!

Der Käse kommt auf die Märkte. Aber was passiert mit dem Rest? Die Molke wird für Ricotta gebraucht und als Futter für das liebe Borstenvieh. Waren es früher die Mühlbacher Tigerschweine, sind es jetzt Angler Sattelschweine. Die schlabbern kein Soja, sondern fressen Grünfutter und Molke. Geschlachtet wird vis-à-vis in St. Georgen. Gutes, gesundes Fressen und kein Tiertransport, das ist vorbildlich.
Aber das ist nicht der einzige Kreislauf: Mit dem Kuhmist werden die Felder gedüngt, die hier oben nur mäßig gute Böden haben. Damit wird Kunstdünger gespart, also auch CO_2. Auf diesen Äckern wachsen Emmer und anderes Getreide. Wie Hans-Hartwig Lützow erklärt, ist Getreideanbau auf über 800 Meter Höhe unwirtschaftlich. Außer man backt Brot in Eigenregie, dann rechnet es sich.

Und natürlich backen sie auch Brot auf dem Untermühlbachhof. Alles, was sie machen, ist sehr beliebt. „Wir haben in der Landwirtschaft das Potenzial, etwas zu bewegen", ist Albert Hahn überzeugt. Aber sie möchten klein bleiben. Klein, aber gut.

„Wir machen es so, wie wir es für richtig halten. Zufällig ist es Bioland und Demeter."

Albert Hahn, Biobauer

VEGGIE

Ein Kapitel über fleischlose Rezepte darf in unserem Kochbuch natürlich nicht fehlen – denn auch im Hochschwarzwald wird von Blumenkohl bis Zucchini eine riesige Auswahl an Gemüse angebaut. Viele der nachfolgenden Gerichte könnt Ihr übrigens problemlos auch vegan zubereiten – und für ein veganes Dessert schaut mal auf S. 228 nach …

Rezept von Volker Hupfer
Gericht für 4 Personen | Zeit 120 Minuten

SPARGELRAVIOLI MIT WILDKRÄUTERN, ERDBEEREN & PARMESAN

Für die Raviolifüllung den grünen Spargel schälen, in Stifte schneiden und weich kochen. Die Spargelabschnitte für den Spargelschaum beiseitestellen. Schalotten schälen, fein schneiden und mit Butter in einer Pfanne goldgelb dünsten. Zum Spargel geben und alles grob pürieren. Bärlauch waschen, trocknen, in feine Streifen schneiden und zur Füllung geben. Ricotta mit Parmesan vermengen und ebenfalls unter die Füllung rühren. Mit Salz, Pfeffer und Muskat abschmecken.

Die Erdbeeren waschen und pürieren, mit Zitronensaft und Zucker aufkochen. Agar-Agar dazugeben und 3 Minuten köcheln lassen. Das **Erdbeergel** auf einem Blech abkühlen lassen. Mit einem Stabmixer zu einer glatten Masse rühren.

Für den **Spargelschaum** Zwiebeln und Knoblauch schälen, Sellerie waschen und alles fein würfeln. Die Abschnitte vom grünen Spargel klein schneiden und alles in einer Pfanne farblos andünsten. Mit Weißwein ablöschen, Spargelfond dazugeben und 20 Minuten köcheln lassen. Fein pürieren und passieren. Butterflocken, Parmesan und Sahne hinzufügen und mit dem Stabmixer aufschäumen.

Für den **Spargel-Erdbeer-Salat** den weißen Spargel schälen, in Stifte schneiden und in Zitronenwasser weichkochen. Erdbeeren waschen und vierteln. Zusammen mit dem gewaschenen Wildkräutersalat und dem Spargel in eine Schüssel geben und mit Balsamico und Olivenöl marinieren. Mit Salz und Pfeffer abschmecken.

Mehl sieben und in einer Rührmaschine mit Eiern, Olivenöl und Salz vermengen. Nach und nach das Wasser zugeben und alles zu einem glatten **Ravioliteig** verarbeiten. Falls nötig, noch bis zu 20 ml Wasser hinzufügen. Den Teig 20 Minuten ruhen lassen und mithilfe einer Nudelmaschine in dünne Platten ausrollen. Je 25 g Füllung im Abstand von etwa 10 cm auf den Teig setzen. Eigelb und Sahne verrühren und die Zwischenräume damit bestreichen. Eine weitere Teigplatte auf die erste legen und zwischen der Füllung fest andrücken. Die Ravioli in beliebige Formen schneiden und in leicht gesalzenem Wasser auf dem Siedepunkt wenige Minuten ziehen lassen. Sie sind fertig, sobald sie an der Oberfläche schwimmen.

Mit einer Flocke Butter glasieren, mit den Parmesanspänen bestreuen und zusammen mit dem Spargel-Erdbeer-Salat, ein paar Tupfen Erdbeergel und Spargelschaum sowie eventuell ein paar frischen (Wald-)Erdbeeren anrichten. Auch Bärlauchöl passt dazu übrigens hervorragend. Dafür 50 g Bärlauch waschen, klein hacken und mit 50 ml Olivenöl mixen. Mit Salz und Pfeffer abschmecken und durch ein Sieb passieren.

RAVIOLIFÜLLUNG

300 g	grüner Spargel
40 g	Schalotten
20 g	Butter
20 g	Bärlauch
200 g	Ricotta
100 g	Parmesan, gerieben
	Salz, Pfeffer, Muskat

ERDBEERGEL

150 ml	Erdbeeren
5 ml	Zitronensaft
25 g	Zucker
2 g	Agar-Agar

SPARGELSCHAUM

je 10 g	Zwiebeln, Sellerie
1	Knoblauchzehe
50 ml	Weißwein
300 ml	Spargelfond
20 g	Butterflocken
50 g	Parmesan
50 ml	Sahne

SPARGEL-ERDBEER-SALAT

100 g	weißer Spargel
1	Zitrone, Saft
100 g	Erdbeeren
100 g	Wildkräutersalat
2 EL	Balsamico-Essig
1 EL	Olivenöl

RAVIOLITEIG

500 g	Weizenmehl
3	Eier
50 ml	Olivenöl
5 g	Salz
60 ml	Wasser
40 g	Eigelb
10 g	Sahne

1 EL	Butter
50 g	Parmesanspäne

Rezept von Lorenz Baschnagel
Gericht für 3 Personen | Zeit 90 Minuten
+ 2 Stunden Ruh-/Einweichzeit

DÖRROBSTRAVIOLI MIT BLUMENKOHL-COUSCOUS

Eier und Salz gut verrühren. Zusammen mit dem Mehl zu einem glatten **Ravioliteig** verkneten. Den Teig in Folie einwickeln und etwa 2 Stunden ruhen lassen.

Das **Dörrobst** in etwa 200 ml Wasser für 2 Stunden einweichen. Die Zwiebel schälen, fein würfeln und in einer Pfanne leicht anschwitzen. Den Ingwer reiben, mit dem Ras el-Hanout in die Pfanne geben und kurz mitbraten. Mit dem Einweichwasser ablöschen, komplett reduzieren lassen. Dörrobst und Butter dazugeben und durchschwenken. Zum Schluss die gehackten Basilikumblättchen und den Zitronenabrieb dazugeben.

Die Hälfte des Ravioliteigs ausrollen und mit etwas Eigelb bestreichen. Je 30 g Dörrobst mit Abstand auf den Nudelteig geben. Die zweite Hälfte des Teigs ebenfalls ausrollen und auf die erste legen. Überschüssige Luft von der Mitte aus herausdrücken und Teig um die Füllung herum fest zusammendrücken. Ravioli ausstechen und nochmals die Ränder andrücken. Die **Ravioli** im kochenden Salzwasser garen, bis sie an der Oberfläche schwimmen. Butter in einer Pfanne schmelzen und Ravioli durchziehen. Nach Belieben noch etwas Zitronenabrieb dazugeben.

Den **Blumenkohl** vom Strunk schneiden und durchhacken, bis er so fein ist wie Couscous. Die Zwiebel schälen, fein würfeln und anschwitzen. Den Blumenkohl dazugeben und mit Salz, Pfeffer, Muskat und Zucker abschmecken. Die Mandelblättchen, Butter und nach Belieben ein paar Cranberrys dazugeben und alles leicht anrösten.

Die **Paprika** waschen und von Stiel und Kernen befreien. In einen Entsafter geben oder sehr fein pürieren und durch ein Sieb passieren. Die Zwiebel schälen, fein würfeln und gut anschwitzen. Paprikapulver dazugeben und mit dem Paprikasaft aufgießen. Alles um die Hälfte reduzieren. Mit Salz, Pfeffer und Zucker abschmecken. Essig und Thymianzweig dazugeben und alles 30 Minuten auf schwächster Stufe ziehen lassen. Durch ein Sieb abseihen und die Butter unterrühren.

Couscous auf tiefen Tellern anrichten und je zwei Ravioli daraufsetzen. Die Paprikasauce aufschäumen und darüber verteilen. Nach Belieben noch mit etwas Kresse oder Mandelblättchen garnieren.

RAVIOLITEIG

3	Eier
4	Eigelb
etwas	Salz
500 g	Nudelmehl

DÖRROBSTFÜLLUNG

180 g	Dörrobst
½	Zwiebel
1 TL	frischer Ingwer
1 Prise	Ras el-Hanout
200 ml	Einweichwasser
15 g	Butter
2	Basilikumblättchen
1	Zitrone, Abrieb
2	Eigelb zum Bestreichen

BLUMENKOHL-COUSCOUS

1	Blumenkohl
1	Zwiebel
etwas	Salz, Pfeffer, Muskat & Zucker
50 g	Mandelblättchen, geröstet
10 g	Butter
1 TL	Cranberrys, getrocknet (optional)

PAPRIKASCHAUM

4	Paprika, rot
½	Zwiebel
6 g	Paprikapulver
etwas	Salz, Pfeffer, Zucker
1 EL	Paprikaessig
1 Zweig	Thymian
25 g	Butter, kalt

Rezept von Aline Wimmer-You
Gericht für 4 Personen | Zeit 35 Minuten

RISOTTO MIT PARMESAN UND GEMÜSE DER SAISON

Dieses Gericht liebe ich, da es flexibel ist. Gerade wenn noch viele verschiedene Gemüsesorten im Kühlschrank sind, ist es der perfekte Begleiter zu fast allem. Der Fantasie sind dabei keine Grenzen gesetzt: Mit etwas Basilikumpesto wird aus dem Risotto ein toller Begleiter zu mediterranem, gebratenem Gemüse. Oder Ihr gebt im Herbst ein paar Pfifferlinge dazu – mmmhhh, einfach lecker!

RISOTTO

Als Beilage:

1	kleine Zwiebel
20 g	Butter
200 g	Risottoreis
50 ml	Weißwein
500 ml	Gemüsebrühe
	Salz
200 g	Parmesan

Als Hauptgang:

1	große Zwiebel
60 g	Butter
400 g	Risottoreis
100 ml	Weißwein
800 ml	Gemüsebrühe
	Salz
400 g	Parmesan

GEMÜSE

	buntes Gemüse der Saison wie Lauch, Karotte, Bohnen, Spinat oder Staudensellerie
	Salz, Zucker
etwas	Butter

Für das **Risotto** die Zwiebel schälen und würfeln. Butter in einem Topf zerlassen und die Zwiebelwürfel darin andünsten. Reis hinzufügen und glasig dünsten, dann mit nicht zu kaltem Weißwein ablöschen und aufkochen. Die heiße Gemüsebrühe nach und nach bei schwacher Hitze zum Reis geben und alles unter gelegentlichem Rühren etwa 20 Minuten quellen lassen.

Während der Reis quillt, das **Gemüse** Eurer Wahl waschen, falls nötig schälen und in gleichmäßige Scheiben schneiden. Alles zusammen mit Salz, Zucker und Butter in eine mittelgroße Pfanne geben. So viel Wasser hinzugeben, dass der Pfannenboden zu 1 cm bedeckt ist. Zugedeckt bei mittlerer Hitze zum Kochen bringen und gar kochen. Hin und wieder umrühren, damit das Gemüse gleichmäßig gart.

Nun das Risotto probieren. Wenn es noch etwas Biss hat und die einzelnen Körner noch gut zu erkennen sind, aber alles eine schöne Bindung hat, ist es fertig.

Kurz vor dem Servieren den Parmesan über den Reis reiben, unterheben und gegebenenfalls mit etwas Salz abschmecken. In tiefen Tellern anrichten, nach Belieben noch etwas Parmesan darüberhobeln und sofort servieren. Dazu passen wunderbar Ziegenkäsemedaillons und frische Kräuter wie glatte Petersilie.

Tipp: Dieses Gericht kann wunderbar vorbereitet werden und erst später gegessen werden, dafür den Reis nicht komplett fertig kochen und den Käse noch nicht dazugeben. Stattdessen später beim Erwärmen noch etwas Flüssigkeit und den Käse hinzugeben. Und, ach ja! Wenn Ihr die Butter durch Olivenöl ersetzt und mindestens 6 Monate alten Parmesan verwendet, ist das Gericht sogar laktosefrei.

Rezept von Alexander Maier
Gericht für 4 Personen | Zeit 45 Minuten

BANDNUDELN MIT BÄRLAUCH-BRENNNESSEL-PESTO

Rote Pusteln am Arm oder an anderen Körperstellen – wer hat durch die feurig-reizende Brennnessel nicht schon Schmerzen erlitten? Auch ich habe mit dieser Pflanze lange nichts Gutes verbunden. Erst in meiner Kochausbildung habe ich die Brennnessel ganz neu kennengelernt. Durch Hitze werden die schmerzhaften Brennhaare zerstört und man kann die Pflanze, die übrigens eine wahre Vitamin-C-Bombe ist, vielseitig nutzen. Frisch eignet sich die Brennnessel etwa für Suppen oder Püree. Ihre Blätter, frittiert und bestreut mit etwas Salz, sind als Brennnessel-chips mittlerweile mein liebster Fernsehsnack!

BANDNUDELN

300 g	Mehl, Type 405
100 g	Hartweizengrieß
5 g	Salz
4	Eier

PESTO

150 g	Bärlauch
4–5	Brennnesselblätter
50 ml	Öl nach Gusto
	Salz, Pfeffer
50 g	Walnüsse, gehackt
	Wildkräuter- oder Baby-Feldsalat
2 EL	Brennnesselsamen

Für die **Bandnudeln** nutze ich am liebsten Opas Nudelrezept: alle Zutaten einfach in einer Küchenmaschine vermengen, eventuell mit etwas Wasser oder Mehl die Konsistenz anpassen. Der Nudelteig sollte zugleich fest und leicht dehnbar sein. Wer mag, gibt noch einen Tropfen Olivenöl hinzu – das macht den Teig noch etwas geschmeidiger.

Den Teig mit einer Nudelmaschine ausrollen und durch eine Bandnudel-Matrize laufen lassen. Wer keine Nudelmaschine hat, kann den Teig einfach ausrollen und in dünne Streifen schneiden. Die Nudeln ungefähr 5 Minuten in Salzwasser kochen, bis sie al dente sind.

Für das **Pesto** den Bärlauch und die Brennnesselblätter waschen. Mit etwas Öl nach Wahl, auch Olivenöl passt hier gut, pürieren und mit Salz und Pfeffer abschmecken. In eine Pfanne geben und die Nudeln darin mehrmals durchschwenken. Walnüsse grob hacken und darüberstreuen.

Die Nudeln auf vorgewärmten Tellern anrichten und mit etwas Wildkräutersalat oder Baby-Feldsalat garnieren. Die Brennnesselsamen über das Gericht streuen und sofort servieren.

Mann sucht Kräuter

Das Hotel-Restaurant Rößle liegt in Todtmoos dort, wo früher die Pferde gewechselt wurden. ***Alexander Maier*** *plant auch einige Wechsel: mehr Kräuter, dazu Schafe und Nandus sowie Chalets …*

In alten Tagen rumpelte die Postkutsche mit Pferdestärken übers Land. Je nach Steigung musste nachgeholfen werden. So auch in Todtmoos, das in einem Talkessel liegt. Regelmäßig machten vor dem Hochkopfpass die Gäule schlapp. Also wurden bei der Wechselstation die Tiere gewechselt und ein Ochs davorgespannt. Der hatte Zugkraft! Trotzdem wurde auch den armen Rössern Respekt gezollt. Ihnen zu Ehren bekam die anliegende Wirtschaft den passenden Namen: Rößle.

Ein paar Generationen später späht der junge Alexander Maier über die Terrasse und runter zur Wiese. Die „Kräuterhexe" ist gekommen. Sogar Edith Mandel-Buck findet diesen Namen witzig, und bescheiden erzählt sie, dass sie das alles nur als Hobby macht. Aber tatsächlich kennt sie fast jedes Kraut, das hier auf den Wiesen und am Waldrand wächst. Da auf 1000 Meter Höhe die Vegetation anders ist als im Markgräflerland, hat sie Glück. Was im Rheintal schon nicht mehr zu finden ist, kann sie hier pflücken. „Kräuter sind ein Hochgenuss", sagt sie liebevoll. Aber meint sie das Suchen oder das Essen? Alexander Maier ist jedenfalls glücklich, so jemanden zu kennen. Denn er interessiert sich im Laufe seiner Berufsjahre immer mehr für Kräuter und für vegetarische Küche, schwärmt vom Kraut Gundermann und von Spaghetti mit roten Kleeblüten. „Inzwischen ess ich sogar lieber frittierte Brennnesselblätter als Chips", erzählt der junge Koch und lacht.

Wie viele seiner Kollegen von der Next Generation folgte Alexander seinem familiären Verantwortungsbewusstsein und damit den Spuren seiner Eltern. Er lernte Koch bei Douce Steiner im Hirschen in Sulzburg, Deutschlands höchstdekorierter Sterneköchin. Danach wollte er erst mal nicht mehr kochen und half daheim im Rößle an anderen Plätzen, etwa im Service. Er zitiert die

„Zurzeit schaff ich im Service. Ich bin da, wo es klemmt, wo einer fehlt."

Alexander Maier

Seniorchefin des Hirschen: „Ein Koch muss auch den Service gesehen haben." Wer im Service Erfahrung hätte, würde am Pass nicht seine Leute mit „lauf mal schneller" gängeln. Inzwischen steht der ausgebildete Koch mit seinen vielen Ideen aber auch immer mal wieder in der Küche, packt im Haus immer da an, wo er gebraucht wird. „Ich bin da, wo's klemmt, wo einer fehlt", sagt er im gemütlichen Wälderdialekt.

Es zieht ihn nicht mehr weg. Was ansteht, sind Neuerungen. Das Rößle soll klimaneutral werden. Vor Kurzem hat sich das altgediente Wirtshaus ein kleines Schwarzwaldferiendorf (mit Chalets) geleistet, was bei den Gästen gut ankommt. Auch Wellness und die merklich verkleinerte Speisekarte finden Gefallen.

Schafe und Nandus hat sich Alexander auch angeschafft. Unterhalb des Hotels sieht man sie grasen. „Meine Großeltern haben die Landwirtschaft aufgegeben, ich fang sie wieder an", sagt er und lacht.

Alexander Maier ist am richtigen Platz. Aber schon wenn das Telefon bimmelt, ist es vorbei mit der Ruhe für den Tausendsassa im Haus. „Alexander, die von der Next Generation ..." „Ja, ich komm ja schon ..."

Pferdestärken, Schafe und Liebe zur Natur. Das Rößle wiehert im Ortsteil Strick und freut sich über frische Kräuter in der Küche. Mit Edith Mandel-Buck hat Alexander Maier eine profunde Kennerin an der Seite

SÜPPLE

Für die Suppen in diesem Buch bedient Ihr Euch – genau wie unsere Köche – am besten direkt vor Eurer Haustür: Sammelt im Frühjahr frischen Bärlauch, im Spätsommer feine Waldpilze, erntet Kürbisse und Kartoffeln aus dem eigenen Garten – und zaubert daraus Schwarzwälder Tom Kha Gai, Waldessenz mit Reh und weitere tolle Süppchen

Rezept von Manuel Schwörer
Gericht für 4 Personen | Zeit 30 Minuten

BÄRLAUCHSÜPPCHEN MIT SAUERRAHMNOCKEN

Um die **Bärlauchsuppe** mit einer leuchtenden Farbe zu servieren, kochen wir eine Basissuppe und machen aus dem Bärlauch zunächst ein Pesto. Ziel ist es, den Bärlauch so kurz wie möglich in der heißen Suppe schwimmen zu lassen. Das Pesto lässt sich natürlich auch für viele andere Gerichte wie Nudeln oder Saucen verwenden.

Für das **Pesto** den Bärlauch waschen und grob vorschneiden. Zusammen mit etwas Öl und einer Prise Salz in einen Mixer geben und wenige Sekunden mixen. Um das Pesto länger haltbar zu machen, könnt Ihr noch Pinienkerne mit hinzugeben – das enthaltene Öl wirkt konservierend.

Für die **Bärlauch-Basissuppe** die Zwiebel, den Knoblauch und den Sellerie schälen und in feine Würfel schneiden. Butter oder Margarine in einen Topf geben und anbraten. Zwiebel, Knoblauch und Sellerie hinzugeben und hell anschwitzen. Das Mehl unterrühren, sodass eine leimige Konsistenz entsteht. Nach und nach mit der Gemüsebrühe aufgießen und kräftig rühren, bis die gewünschte Konsistenz der Suppe erreicht ist. Mit Sahne verfeinern.

Den Sauerrahm und die Sahne für die **Sauerrahmnocken** mit einem Schneebesen etwas aufrühren. Mit Salz, Pfeffer und etwas Zitronensaft abschmecken.

Die Basissuppe zum Kochen bringen und pro Portion etwa einen Esslöffel vom Bärlauchpesto hinzugeben. Fein durchmixen, sodass auch die Zwiebel, der Sellerie und der Knoblauch zerkleinert werden. Beim Aufmixen darf die Suppe gerne eine kleine Schaumkrone bekommen. In vorgewärmte Teller oder Tassen füllen. Den Sauerrahm mit einem Teelöffel nockenförmig in die Suppe geben, nach Belieben mit ein paar frischen Blättern Bärlauch garnieren und sofort servieren.

BÄRLAUCHPESTO

100 g	Bärlauch
3 TL	Öl
etwas	Salz
	Pinienkerne nach Belieben

BÄRLAUCH-BASISSUPPE

1	Zwiebel
1	Knoblauchzehe
½	Knollensellerie
50 ml	Sahne
50 g	Butter oder Margarine
40 g	Mehl
100 ml	Gemüsebrühe
etwas	Sahne

SAUERRAHMNOCKEN

100 g	Sauerrahm
20 g	Schlagsahne
etwas	Salz, Pfeffer
1	Zitrone, Saft
etwas	frischer Bärlauch zum Garnieren

Rezept von Iván Lagunas Romeo
für 4 Personen | Zeit ca. 40 Minuten

KARTOFFELSUPPE MIT EI UND GEREIFTEM PARMESAN

Die Kartoffeln putzen, schälen, in Scheiben schneiden und in leicht gesalzenem Wasser etwa 20 Minuten kochen. Um zu überprüfen, ob die Kartoffeln gar sind, mit einem Messer in einzelne Stücke stechen und das Messer leicht anheben. Gleitet die Kartoffel alleine vom Messer ab und fällt zurück ins Wasser, ist sie gar.

Zwiebel, Lauch (wir nehmen nur das Weiße) und Knob auch fein würfeln. Olivenöl in eine Pfanne geben und gleichzeitig alles zusammen darin andünsten. Wenn das Gemüse glasig ist, die Mischung zu den gegarten Kartoffeln ins Kochwasser geben und bei mittlerer Temperatur nochmals kurz aufkochen. Sahne hinzufügen und weiterköcheln lassen. Zum Schluss alles mit einem Mixer zu einer cremigen Suppe pürieren und mit Salz und weißem Pfeffer abschmecken.

Für die Eier in einem großen Topf Salzwasser mit einem Spritzer Essig zum Kochen bringen. Die Hitze stark reduzieren und die Eier direkt entweder in eine Tasse oder einen großen Löffel aufschlagen. Mit einer Tasse oder einem Löffel vorsichtig ins Wasser gleiten lassen, sodass das Eiweiß schonend gerinnt. Nach einer Garzeit von etwa 6 bis 8 Minuten (das Wasser darf nicht kochen!) die Eier mit einem Messerrücken vom Boden lösen und aus dem Wasser nehmen.

Zum Schluss dünne Parmesan-Scheiben über die Suppe schaben. Der Parmesan sollte möglichst reif sein, um der Suppe ein würziges Aroma zu verleihen. Zum Abschmecken ein paar Tropfen Trüffelöl hinzufügen, das passt wunderbar!

TIPP: Beim erneuten Erwärmen die Suppe nur noch auf kleiner Flamme erhitzen und alle 10 Minuten umrühren, da sich sonst Sahne und Kartoffelstärke auf dem Topfboden festsetzen und anbrennen können.

KARTOFFELSUPPE

400 g	Kartoffeln, neue
1	Zwiebel
50 g	Lauch
2	Knoblauchzehen
1 EL	Olivenöl
1000 ml	Sahne, 33 %
	Salz, weißer Pfeffer

EIER

4	Eier
etwas	Essig
50 g	Parmesan
	Trüffelöl

Rezept von Johannes Dünnebacke
Gericht für 4 Personen | Zeit 40 Minuten

KÜRBISCREMESÜPPCHEN MIT SCHWARZWÄLDER SCHINKEN

Den Kürbis waschen, von den Kernen befreien und in 2 cm große Würfel schneiden. Die Schalotten schälen und in feine Würfel schneiden. Die Butter in einem Topf erhitzen, die Schalotten darin weiß anschwitzen und den Kürbis hinzugeben. Mit dem Orangensaft ablöschen und etwas einkochen lassen. Mit der Gemüsebrühe und der Sahne auffüllen. Auf mittlerer Hitze etwa 15–20 Minuten köcheln lassen, bis der Kürbis weich ist. Mit einem Mixstab fein pürieren und das **Kürbiscremesüppchen** mit Salz, Pfeffer und Muskat abschmecken.

Für den **Kürbiskernschaum** das Kürbiskernöl mit der Sahne verrühren und mit Salz und Pfeffer abschmecken. Die Flüssigkeit in eine Espuma-Flasche passieren und mit einer Gaskapsel aufschäumen.

Den **Schwarzwälder Schinken** auf ein Papiertuch legen und in der Pfanne oder Mikrowelle garen, bis er schön knusprig ist. Die Kürbiskerne in einer Pfanne anrösten.

Die Suppe in einem tiefen Teller anrichten und mit dem Schaum, dem Schwarzwälder Schinken und den Kürbiskernen dekorieren. Wer möchte, gibt noch etwas getoastetes Weißbrot hinzu oder garniert das Ganze mit etwas Gartenkresse.

KÜRBISCREMESÜPPCHEN

1 kg	Hokkaidokürbis
2	Schalotten
2 EL	Butter
100 ml	Orangensaft
1,5 l	Gemüsebrühe
200 ml	Sahne
etwas	Salz, Pfeffer, Muskatnuss

KÜRBISKERNSCHAUM

100 ml	Kürbiskernöl
100 ml	Sahne
	Salz, Pfeffer

12	Scheiben Schwarzwälder Schinken, luftgetrocknet
50 g	Kürbiskerne

Rezept von Volker Hupfer
Gericht für 4 Personen | Zeit 120 Minuten
+ 24 Stunden Marinierzeit + 3 Stunden Ziehzeit

EINE ESSENZ AUS DEM WALD MIT REH UND PILZEN

Für die **Reh-Essenz** Zwiebeln und Karotten schälen und zusammen mit dem Stangensellerie klein schneiden. Mit Kräutern, Gewürzen und dem Rotwein in einen Topf geben. Wildknochen in kleine Stücke hacken und in der Marinade 24 Stunden ziehen lassen. Am Folgetag abschütten, dabei die Marinade und das Gemüse auffangen. Die Knochen bei 160 Grad gut 40 Minuten im Ofen rösten. Das Gemüse mit Olivenöl und Butter in einen Topf geben und anschwitzen. Tomatenmark dazugeben und mitrösten. Mit einem Teil der abgeschütteten Marinade ablöschen und reduzieren. Den Vorgang dreimal wiederholen. Knochen dazugeben und alles einkochen lassen. Mit 2 Litern kaltem Wasser aufgießen und 1 Stunde am Siedepunkt ziehen lassen. Fond absieben. Klärfleisch mit dem Wurzelgemüse, Eiswasser und Eiweiß zum Fond geben und knapp unter dem Siedepunkt weitere 2 Stunden ziehen lassen. Durch ein Tuch passieren und abschmecken.

Milch, Mineralwasser, Ei und Mehl zu einem glatten **Crêpe**-Teig verrühren. Salzen, 1 Stunde ruhen lassen und in einer Pfanne zu dünnen Crêpes ausbacken.

Für die **Rehfüllung** die Rehkeule in kleine Stücke schneiden und mit der Sahne fein zerkleinern. Die Masse durch ein Sieb streichen. Kräuter waschen, trocknen, fein schneiden und dazugeben. Die Farce salzen und auf die Crêpes streichen. Die Crêpes zusammenrollen, in Frischhaltefolie wickeln und die Enden verknoten. Im Wasserbad bei 80 Grad etwa 30 Minuten garen.

Die **Kräuterseitlinge** putzen, in Scheiben schneiden und in Butter scharf anbraten. Mit Parmesan bestreuen und im Ofen kurz gratinieren.

Für das **Pilzpüree** Waldpilze (oder Champignons) putzen und klein schneiden. Mit Toastbrot und Rapsöl mischen, salzen und bei 180 Grad im Ofen 20 Minuten rösten. Die Schalotten schälen, fein hacken und in Butter goldgelb rösten. Mit Schlagsahne ablöschen und reduzieren lassen. Die geputzten und klein geschnittenen Morcheln dazugeben und etwas köcheln lassen. Salzen und pfeffern, zusammen mit der Waldpilzmischung pürieren und durch ein feines Sieb streichen.

Dazu passt eine Beereneinlage. Dafür 100 g Preiselbeeren mit 50 g Zucker auf niedrigster Stufe mixen, bis der Zucker sich aufgelöst hat.

Die Reh-Essenz in tiefen Tellern anrichten. Die Crêpes in Scheiben schneiden und mit den Kräuterseitlingen, dem Pilzpüree und der Beereneinlage zur Essenz geben. Wer mag, gibt noch ein paar frische Kräuter oder einige Tropfen Mandelöl dazu.

REH-ESSENZ

50 g	Zwiebeln
30 g	Karotten
50 g	Stangensellerie
1	Thymianzweig
5	Wacholderbeeren
1	Lorbeerblatt
2	Nelken
750 ml	Rotwein
1 kg	Wildknochen
50 ml	Olivenöl
20 g	Butter
10 g	Tomatenmark
250 g	Klärfleisch
50 g	Wurzelgemüse
250 ml	Eiswasser
40 g	Eiweiß

CRÊPES

75 ml	Milch
15 ml	Mineralwasser
1	Ei
40 g	Mehl

REH-FÜLLUNG

150 g	Rehkeule
120 ml	Sahne
20 g	Kräuter nach Wahl

KRÄUTERSEITLINGE

4	Kräuterseitlinge
50 g	Butter
20 g	Parmesan

PILZPÜREE

300 g	Waldpilze
50 g	Toastbrot
40 g	Rapsöl
50 g	Schalotten
50 g	Butter
200 g	Schlagsahne
50 g	Morcheln

Rezept von Matthias Schwer
Gericht für 4 Personen | Zeit 45 Minuten

WALDPILZCREMESUPPE MIT KARTOFFELRAVIOLI

Zwiebel und Knoblauch schälen und grob würfeln, die Pilze putzen und grob würfeln. Pilze, Zwiebeln und Knoblauch in einem Topf kräftig anschwitzen, mit Salz und Pfeffer würzen und mit Gemüsebrühe und Schne auffüllen – dabei einen Schuss fürs Anrichten übrig lassen. 25 Minuten leicht köcheln lassen, dann in einem Mixer fein mixen, aber nicht passieren. Die **Waldpilzcremesuppe** nochmals mit Salz und Pfeffer abschmecken. Zurück in den Topf geben.

Für die **Kartoffelravioli** die Kartoffeln durch eine Presse drücken. Für die Füllung die Zwiebel schälen und die Pilze putzen, beides würfeln und in einer Pfanne anschwitzen. 200 g der gepressten Kartoffeln mit Zwiebeln, Pilzen und einem Eigelb vermengen, dann mit Salz, Pfeffer und Muskat abschmecken. Das gewaschene und fein geschnittene Basilikum dazugeben, nochmals gut vermengen. Die restlichen gepressten Kartoffeln mit vier Eigelben und dem Mehl zu einem glatten Teig vermengen. Auch hier mit Muskat, Salz und Pfeffer abschmecken. Diesen Teig in dünnen Bahnen ausrollen und mit dem übrigen Eigelb einpinseln, dann die Füllung in Häufchen daraufgeben, die Bahnen über die Füllung einschlagen und gut andrücken. Mit einem Ausstecher runde Ravioli ausstechen.

Die Ravioli in Salzwasser kochen. Die Suppe aufkochen, einen Schuss Sahne dazugeben und mit einem Pürierstab aufmixen, sodass es einen schönen Schaum gibt. Ravioli im Teller anrichten und die Suppe angießen.

WALDPILZCREMESUPPE

1	Zwiebel
1	Knoblauchzehe
600 g	gemischte Pilze, z. B. Steinpilze, Pfifferlinge oder Champignons
	Salz
	Pfeffer
800 ml	Gemüsebrühe
500 ml	Sahne

KARTOFFELRAVIOLI

700 g	gekochte, kalte, mehligkochende Kartoffeln
1	Zwiebel
200 g	gemischte Pilze (wie oben)
6	Eigelb
	Salz, Pfeffer, Muskat
etwas	frisches Basilikum
200 g	Mehl

Rezept von Daniel Frech
Gericht für 4 Personen | Zeit 2 Stunden

TOM KHA GAI VON DER SCHWARZWÄLDER ZIEGE

Immer dann, wenn die Hänge bei uns im Hochschwarzwald besonders steil werden und die Kühe sich mit dem Stand schwertun, kommen Ziegen zum Einsatz. Ihre Aufgabe: unsere herrlichen Landschaften von Verwaldung frei zu halten. Doch die altbekannten Nutztiere können noch viel mehr. Nicht nur ihre Milch lässt sich prima verwerten, zu köstlichem Ziegenfrischkäse etwa, sondern auch das Fleisch der Jungtiere. Es ist durch die verschmausten Schwarzwaldkräuter nicht nur besonders aromatisch, sondern auch sehr mager und nährstoffreich.

TOM-KHA-GAI-BRÜHE

1,5 kg	Ziegenknochen
500 g	Ziegenkochfleisch
3 Stg.	Zitronengras
80 g	Ingwer, geschält
3	Chilis, mittelscharf
4	Limettenblätter
1 EL	Koriandersamen
500 ml	Kokosmilch
4–5 EL	Fischsauce
2–3 EL	Sojasauce
1–2 EL	Palmzucker
etwas	Limettensaft

EINLAGE

8	Korianderblätter
4	Minzblätter
2	Champignons
1 Bund	Frühlingszwiebeln
1 EL	Ingwerstreifen
1 EL	Zitronengras, in Ringe geschnitten
1 EL	Chilis, entkernt, in Ringe geschnitten
4	Limetten- oder Zitronenscheiben
4	Riesengarnelen
etwas	Öl zum Anbraten

Für die **Tom-Kha-Gai-Brühe** die Knochen und das Ziegenkochfleisch 1 Minute in kochendem Wasser blanchieren. Danach mit kaltem Wasser abbrausen. Knochen und Fleisch in etwa 3 Litern kaltem Wasser ansetzen, erhitzen und etwa 2 Stunden köcheln lassen. Während des Kochens immer wieder den entstehenden Schaum abschöpfen.

Nach etwa 1 Stunde den Ingwer, die Chilis, die Limettenblätter und die Koriandersamen dazugeben und etwa 30 Minuten mitkochen lassen. Kokosmilch, Fischsauce und Sojasauce dazugeben und weitere 15 Minuten köcheln lassen. Mit Palmzucker (oder alternativ normalem Zucker), etwas Limettensaft und eventuell etwas Salz abschmecken. Den Sud durch ein feines Sieb passieren. Das Fleisch würfeln und beiseitestellen.

Für die **Einlage** die Koriander- und Minzblätter waschen und trocknen. Die Champignons putzen und in feine Scheiben schneiden. Die Frühlingszwiebeln waschen und in feine Ringe schneiden. Die Köpfe der Riesengarnelen abtrennen, die Schale und den Darm vorsichtig entfernen und die Garnelen unter fließendem Wasser gut abspülen. Die Schwanzspitzen der Garnelen könnt Ihr entweder gleich mit entfernen oder auch zum Braten dranlassen. Öl in einer Pfanne erhitzen und die Garnelen darin etwa 5 Minuten braten.

Alle Einlagen auf vier tiefe Suppenschalen verteilen, mit der heißen Suppe übergießen und sofort servieren.

POSTHORN

Frech, frisch, freundlich

In nun schon dritter Generation leitet die ***Familie Frech*** *das Hotel und Restaurant Posthorn in Ühlingen. Ein wahres Traditionshaus, das im Hier und Jetzt angekommen ist*

Die härteste Kritik kommt bekanntlich von denen, die einem am nächsten stehen. Das beweist Töchterchen Pia und posaunt ihre Meinung deshalb recht unverblümt durch die Posthorn-Küche in Ühlingen, als sie Papa Daniels Werk auf dem Teller sieht: „Himbeeren und Fleisch? Das passt doch gar nicht!" Der Chef nimmt es gelassen. Auch wenn Pia die Kreation aus zweierlei Schweinerücken, Rote-Bete-Meerrettich-Kartoffelstampf und Himbeeren vielleicht (noch) nicht überzeugt, findet sich ein anderer Leckerbissen für die drei Frech-Kinder Jonas, Emelie und Kritikerin Pia im Gefrierschrank: das selbstgemachte Vanilleeis. „Das mochte ich als Kind auch immer am liebsten", erzählt Daniel Frech und lacht.

Seit 1935 ist das Hotel und Restaurant Posthorn im Familienbesitz, Kindheitserinnerungen sammelte Daniel hier viele. Leben und Arbeiten fand an einem Ort statt: „Abends gemütlich zu Hause sitzen, das gab es bei uns halt einfach nicht", erinnert er sich. Die Eismaschine, die auch heute noch in Betrieb ist und Gäste wie auch die vierte Generation Posthorn-Frechs mit Eis versorgt, kaufte der Onkel schon in den 1960ern. Damals was ganz Besonderes, erinnert sich Daniel, als er Jonas das Vanilleeis von der Backe wischt. In dritter Generation führt nun Daniel das Haus in der ehemaligen Poststation Ühlingen.

Trotz allem: Die Kochbegeisterung kam bei Daniel erst recht spät. „Als Kind habe ich nicht wirklich gerne Zeit in der Küche verbracht", erklärt er. In der Jugend schenkte er Getränke aus, packte im Service mit an. Das Interesse fürs Kochen kam erst in der Ausbildung zum Hotelfachmann, die er am Titisee machte. Die Ausbildung zum Koch hing er dann gleich hinten ran.
Heimatliebe schlummerte zwar immer in ihm, trotzdem zog es den jungen Schwarzwälder in die Ferne. Als passionierter Skifahrer vermisste er in seiner Zeit auf Sylt allerdings die Berge – und ging für ein Jahr nach Kanada: „Da hätte ich mir auch ein Leben vorstellen können", schwärmt er. Klar war jedoch immer, dass es ihn irgendwann wieder in den Familienbetrieb ziehen würde.

„Ich will hier kein Schickimicki. Im Posthorn ist jeder willkommen."

Daniel Frech

2013 war es dann so weit und Daniel übernahm die Verantwortung für das bei den Ühlingern und Reisenden geschätzte Posthorn. Dass Tradition und Neues hier gerne gemixt werden, erkennt man schon am Interieur: Klare und gerade Linien ergänzen traditionelle Einrichtungselemente wie die schwere Holzvertäfelung.

Gekonnt zaubert Daniel diese Linie auch auf die Teller: Schwarzwälder Classics wie Wurstsalat und Schnitzel finden sich auf der Karte neben Tom-Kha-Gai-Suppe und Frühlingskräuter-Sauerrahmmousse. Schließlich soll jeder Gast, egal ob Traditionalist oder Abenteurer, fündig werden. „Kein Schickimicki, hier ist jeder willkommen", sagt er. Dass seine Zutaten aus der Region stammen, bio oder Demeter sind, ist für den gebürtigen Schwarzwälder nicht bloß Trend: „Das haben wir einfach immer schon so gemacht. Der direkte Kontakt zum Bauern und die gegenseitige Unterstützung – das ist eine Selbstverständlichkeit."
Die Gerichte wechseln regelmäßig, Daniel ist kreativ und probiert sich gerne an Neuem. Nur Molekularküche sei nichts für ihn. Gar nicht schlimm: Molekulares Vanilleeis braucht es wahrscheinlich auch einfach nicht …

Die Geschichte des Hauses reicht bis 1719 zurück. Und so wie es aussieht, wird sie weitergehen: Daniel und Carina Frech mit den Vanilleeisfans Pia, Jonas und Emelie

Gruppenbild mit Dame: Die Next Generation von links vor ihrem Pop-up-Restaurant, einem ausrangierten Zugabteil auf dem Bahngelände in Seebrugg am Schluchsee: Alexander Maier, Daniel Frech, Dorothee und Volker Hupfer, Iván Lagunas Romeo, Matthias Schwer und Manuel Schwörer (von links)

Mehr Genuss wagen

Die Next Generation ist am Zug. Kulinarische Events sind im Hochschwarzwald immer ein Genuss, erst recht, wenn wieder mal zum Secret Dinner geblasen wird. Für unsere kulinarische Fraktion ein Herausforderung – mit hohem Spaßfaktor …

Vier weiße Transporter fahren vor, Männer in Weiß steigen aus und laufen zu einem offenen Zugabteil. Kisten werden hochgewuchtet, gestapelt, versetzt. Die Herdplatten werden in Reihe gesetzt, die Wärmebrücke wird aufgebaut. Hier steht später einer der Köche und schaut sich jeden Teller an, der die Küche verlässt. Draußen auf den Gleisen verlegen zwei Mann Kabel.
Die Ruhe vor dem Sturm: Die Köche Iván Lagunas Romeo, Volker Hupfer, Daniel Frech, Alexander Maier, Manuel Schwörer und Matthias Schwer kommen noch auf ein Helles zusammen. Gleich kommen die Gäste. Eine schmucke junge Frau im Dirndl, Dorothee Hupfer, trinkt mit und lacht so goldig wie die Herbstsonne. „Heute haben wir lange Wege", sagt sie. Der Ort der Handlung ist ein leuchtend roter Speisewagen mit dem Aufdruck Mitropa 1916 auf dem Bahnhof Seebrugg. In den 20er- und 30er-Jahren des vergangenen Jahrhunderts rollten solche Waggons nach Paris und Wien oder den Balkan runter bis Istanbul. In diesen Zügen wurde in echt gekocht. Ein leuchtendes Beispiel für Gastronomie on the Road.

Wo ist die Lokomotive? Sie wird auch heute nicht kommen. Die Passagiere werden anders in Fahrt kommen. Endlich hat das Warten ein Ende. Der Bus fährt vor und „lädt" die Gäste ab, die alle ein bisschen festlicher gekleidet sind als sonst, robuste Schuhe tragen die meisten trotzdem. „Wir wussten ja nicht, wohin es geht", sagt eine Frau. Ihr Mann: „Wir dachten, wir wandern auf eine Berghütte." Doch nein: Der Bahnhof in Seebrugg auf 935 Meter Höhe bekam die Ehre für dieses erste Secret Dinner im Hochschwarzwald.
Der Mann, der gerade eben noch im Arbeitsanzug über die Gleise stiefelte, trägt jetzt Gala-Uniform. Er heißt Jens Reichelt und ist der Vorsitzende der IG Dreiseenbahn und in dieser Funktion der unermüdliche Antreiber für das Comeback der historischen Eisenbahn im Hochschwarzwald. Ihm und seinen Vereinskollegen ist es zu verdan-

Küche, mal anders. Volker und Mathias haben sich schon mal eingerichtet. Platz ist ja bekanntlich in der kleinsten Hütte …

ken, dass hier auf fast 1000 Meter Höhe der alte Bahnhof gerettet wurde. Jens ist der wohl größte Eisenbahnfan des Schwarzwalds und erzählt, wie es früher war. Dann kommen schon Dorothee und ihre Kolleginnen, servieren einen Sekt und verteilen die Tapas von Iván vom Kamino aus Häusern. Die Frauen vom Service übernehmen. „Darf ich Sie an Ihren Platz bringen?“ Gesagt, getan. Jeder Gast hat seinen reservierten Tisch.

Schon die Plakate auf dem Fensterglas sprechen Bände, sie werben für Zigarren, Kekse, Weinbrände – es sind alte Marken, von denen es einige immer noch gibt. Auf der linken Seite sind die Vierertische, rechts die Tische für zwei. Jeder

„Ein Feuerwerk der Aromen. Wir haben die Weine auf das Menü abgestimmt, das war keine leichte Aufgabe."

Cora Boldt, Generation Pinot

einzelne hat Tischdecke, eine Lampe, Blumen. Die Gläser funkeln so brillant, als hätte man sie beim Hoflieferanten der Queen geordert. Es hat Wasser, Weingläser und – so viel Platz muss sein – Besteck für Vorspeise, Hauptspeise, Nachspeise. Einigen Passagieren, Pardon: Gästen, fällt ein „wie im Orient-Express" ein. Der kleine Nachsatz darf nicht fehlen: „Nur ohne Mord – hoffentlich!"

Die Generation Pinot sagt an: Cora Boldt und Florian Kuhn übernehmen die Aufgabe der Weinkellner. Beide engagieren sie sich bei der „Generation Pinot", einer Organisation von jungen Winzern, die fürs Handwerk und den heimischen Wein trommeln. Sie vertritt das Badische Staatsweingut Freiburg, er ist Winzer in eigener Sache in Munzingen. „Wir haben die Weine auf das Menü abgestimmt", sagt Cora – und es war bei all diesem Feuerwerk von Aromen keine leichte Aufgabe, wie sie verrät. „Die Perlage regt zum Trinken an", flötet sie zum Blankenhornsberger Chardonnay-Pinot-Sekt. Er erklärt, was ein Orange Wine ist. Noch nie gehört? Das ist ein Weißwein, der wie ein Rotwein ausgebaut wird und darum anders ausschaut und schmeckt. Was sagt der Passagier? „Kenn ich nicht, schmeckt aber, noch ein Glas bitte!" Das Staatsweingut verblasst daneben aber nicht. „Der Wein läuft ja seidenweich", heißt es über den Auxerrois, erste Lage. Auch hier freut man sich über ein zweites Glas.

Klatschen statt Fragen: Dorothee Hupfer vom Waldfrieden in Todtnau und ihre Kolleginnen lassen es derweil laufen, zügig, aber ohne Hetze. Der Bachsaibling kommt bunt auf den Teller mit Rote Bete, Kürbis, Apfel und Wasabi-Mayo, Tom Kha Gai, die thailändische Kokossuppe, ist so exotisch wie der Orange Wine. Daniel kochte eine Zeit lang in Vancouver und entdeckte an der kanadischen Westküste die Küchen Asiens. Weil er Schwarzwälder ist, nimmt er für die Thai-Suppe heimische Produkte und statt Hühnchen Demeter-Ziegen. Der Kürbis begeistert, genauso wie das Reh. Was wiederum in der Küche zu heißen Disputen führt. Was schmeckt besser: der Rehrücken oder das Ragout?
Jeder Koch bekommt die ehrenvolle Aufgabe, etwas über sein Gericht zu erzählen. Nicht jeder begnadete Koch ist ein begnadeter Erzähler, und so wird's kurz gemacht. „Das ist ein ... Noch Fragen?" Stattdessen: Applaus.

Stilecht von A bis Z. Nicht nur der Wagen hatte Klasse, sondern auch die Tischdekoration, die Speisekarte und manchmal auch die Kleidung, wie bei Jens Reichelt auf der folgenden Seite zu sehen

Jens Reichelt von der IG Dreiseenbahn (rechts unten) plaudert mit den Gästen über sein Lieblingsthema, die Eisenbahn im Schwarzwald. Die Stimmung im Zug ist auf dem Höhepunkt (unten). Die Köche gönnen sich eine Verschnaufpause (rechts oben)

Wie die Zeit vergeht: Mittlerweile ist es Nacht geworden. Auf der Bergseite beleuchtet ein Strahler das Gelände, auf der anderen Seite brennen Fackeln ab. Im Vollmondlicht sieht man einen Jogger rennen und sogar Boote auf dem Schluchsee. Der Waggon leuchtet wie ein Palast, und die Menschen spiegeln sich in der auf Hochglanz polierten Holzdecke. In der Küche zieht es wie Hechtsuppe, weil die große Schiebetür einfach aufgesperrt bleibt. Matthias, Alexander, Manuel, Daniel, Iván und Volker arbeiten auf kleinstem Raum. Auf den Herdplatten brutzeln und duften drei große Pfannen mit Rehrücken. Irgendjemand ruft „Oui, Chef!" und erntet großes Gelächter. Derweil werden die Teller für den nächsten Gang unter der Wärmebrücke gerichtet. Doro Hupfer schlägt vor, dass sechs Stapel gemacht werden, das sei praktischer. Guter Plan. Dann beginnen sechs Hände, sechs Stapel zu bauen, aber wenn irgendwo ein Teller zu viel ist, wird er wieder weggenommen und auf einen anderen Stapel gelegt. Gleichzeitig legt eine andere Hand einen Teller auf den einen Stapel, weil hier ja wieder ein Teller fehlt … Fazit: So ein Tellerballett schaut lustig aus.

Das große Finale: Auf zum Dessert! Der süße Traum ist schneller von den Tellern verschwunden als serviert. Wieder Applaus! Jetzt noch einen Schnaps? Oder noch mal ein Glas vom edlen Roten? Oder einen Kaffee? Kommt sofort! Joscha Krause aus Löffingen hat eine italienische Kaffeemaschine in einem Nebenraum installiert.

„Wenn's schmeckt, ist alles gut", sagt er über den Aufwand.
Im Speisewagen ist die Laune super. Astrid und Claus freuen sich besonders, denn der Bus wird sie direkt ins Hotel bringen. Astrid hat am Donnerstag nur den halben Tag gearbeitet und kann am Freitag später anfangen. „Das ist eine herrliche Unterbrechung" (vom Alltag), lacht sie über den Termin, „aber man muss sich darauf einlassen".

Im Speisewagen wird noch eine Weile gelacht, getrunken und geplant (mal einen Kochkurs machen …?), aber Deutschlands kleinste Gourmetküche ist schon wieder abgebaut. Der Waggon steht offen und leer auf dem Gleis. War alles nur ein Traum? Nein, die Geschichte der Secret Dinner, sie geht im Hochschwarzwald weiter …

Historische Bahnwaggons kommen in der Region nicht nur beim Secret Dinner zum Einsatz. Auf der rund 100 Jahre alten Strecke Seebrugg–Titisee z. B. kann man im Sommer so stilvoll wie gemütlich durch den Hochschwarzwald fahren. Zu den Highlights des Trips gehören die höchste Haltestelle Deutschlands – Bärental – und eine grandiose Aussicht auf den Schluchsee

Schaffer, Planer, Macher

Vier Hochzeiten an einem Tag – oder auch mal 1600 Gäste: ***Manuel Schwörer*** *sucht und findet für jede Challenge eine Lösung. Sein Hotel Schwörer in Lenzkirch steht für eine ehrliche Küche – und kulinarische Überraschungen*

Manuel Schwörer ist von der Sorte, die man als „badisch-stabil" beschreiben könnte. Sprich: Ihn haut nichts so schnell aus dem Sattel. Er ist Praktiker – ein Schaffer, mit Stärken als Planer. Aber dazu gleich mehr …

Das Hotel Schwörer in Lenzkirch hat keine lange Familiengeschichte wie andere Häuser, sondern beginnt im Jahr des Mauerfalls 1989. Der Vater kaufte eine Pension und machte ein Hotel mit Gasthaus daraus. Das Hotel war so konzipiert, dass so viele Betten da waren, wie ein Reisebus Fahrgäste aufnimmt. Zudem profitiert es von der Lage zwischen Titisee und Schluchsee. Beide Seen sind auch in den Gaststuben auf großen Fotos präsent. Hier sitzen Hotelgäste, Touristen und Einheimische. Die Wanderer, die das Hotel links liegen lassen, verpassen was.

Geplant war es anders. Eigentlich sollte Manuels großer Bruder Adrian das Hotel übernehmen. Manuel, der im Schwarzwald Koch lernte und ein paar Mal auf Saison in Österreich war, hatte eigentlich auch schon seine Traumstelle gefunden – als Küchenchef im Ochsen in Saig. So weit, so gut. Hier gefiel es ihm. Doch 2007 verstarb sein Bruder – und natürlich ging Manuel Schwörer heim.
Der Papa ließ ihn machen. Ein wichtiger Schritt war die Digitalisierung – gerade bei der Übergabe des Hauses. Manuels Vater (der 2021 verstarb) war ein wandelndes Lexikon. Er wusste über jeden Gast Bescheid, kannte alle Vorlieben und Lieblingsspeisen. „Das kann ich nicht, aber dafür hab ich ja den Computer", sagt Manuel und lacht. „Mein Vater hat sich rausgenommen. Er hat akzeptiert, dass es jetzt eben anders läuft."

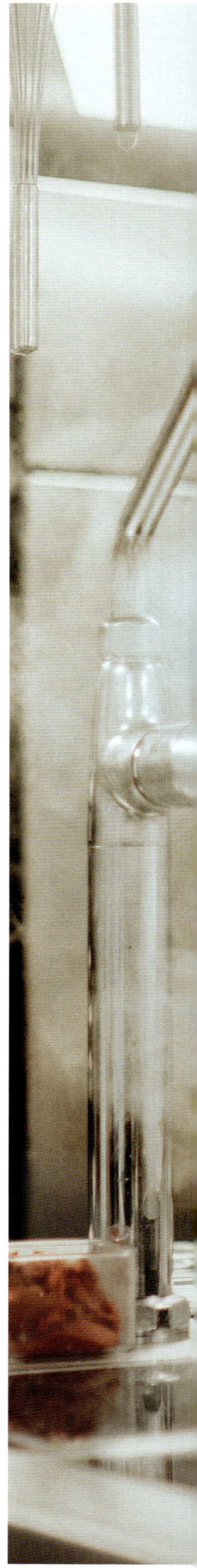

Forellen kommen dank eigenem Bassin im Hotel Schwörer (unten) grundsätzlich fangfrisch zum Gast. Kräuter gehören zum guten Ton von Manuel Schwörers Küche

In Saig kochte Manuel gutbürgerlich, in Lenzkirch ist aber auch mal Catering und Party-Service gefragt. Im großen Stil: „Damit konnte ich am Anfang ehrlich gesagt gar nichts anfangen", erinnert er sich und hat sich alles beigebracht. Heute werden Events mit 1600 Gästen gestemmt – oder vier Hochzeiten an einem Tag. Dafür ist alles da: Küche, Equipment, Rezepte, Logistik und viele helfende Hände sowie sein langjähriger Kollege Steffen. So wird aus einem Event auch ein schönes Erlebnis für alle. „Eine gute Planung ist in unserem Job alles", sagt Manuel. Dazu die Liebe zum Genuss – „dann kann eigentlich nichts mehr schiefgehen".

Am Herd zu stehen, hat für Manuel Schwörer immer noch seinen Reiz. Er ist immer noch neugierig und für eine Überraschung gut. So entpuppt sich das Rotkraut, das wir mal eben von der Anrichte stibitzen, als exakt geschnittene Schalottenstreifen, die köstlich mild, ja sogar fruchtig schmecken. Das hat er sich überlegt, ausprobiert und für gut befunden. Auch seinen Kartoffelbaumkuchen muss man sich merken. Beim Anschneiden wird er gefragt, ob der viel Arbeit macht? „Jo", sagt er und zuckt mit den Achseln, was wohl nur bedeuten kann, dass (viel) Arbeit eben zur Arbeit dazu gehört – wenn man viel und erfolgreich arbeiten will. Mit diesem Ethos hat er auch die harte Nuss

Corona geknackt. Entlassen musste er keinen, dafür kamen neue Take-away-Produkte dazu. Die Karte wurde merklich verkleinert. „Wenn das nicht mehr drauf ist, kommt dann der oder der noch?", machte er sich Sorgen. Die Gäste kommen wie eh und je. Ja sogar noch mehr.

Ach ja, ein paar Hobbys hat Manuel Schwörer auch noch. Eines sind Autos, die aber auch nicht sinnfrei herumstehen. Mit dem Jeep wird im Winter der Schnee weggeräumt, das E-Auto bekommen Hotelgäste gratis für Spritztouren, und mit dem Ford Mustang macht er auch mal eine Tour. Wenn er denn mal Zeit hat …

„Ich bin gerne Koch. Es war selbstverständlich, ich habe nichts anderes probiert."

Manuel Schwörer

FISCH

Forellen gehören zur Schwarzwälder Küche wie Kirschtorte und Schinken – und auch Saiblinge, die klares, sauberes Wasser lieben, finden sich häufig wieder auf den Speisekarten der Region. Doch Forelle Müllerin war gestern – die Next Generation serviert heute Forellen-Saltimbocca, Miso-Lachsforelle oder Saibling mit Gundermannpüree

Rezept von Manuel Schwörer
Gericht für 4 Personen | Zeit 40 Minuten

FORELLENRÖLLCHEN MIT WURZELGEMÜSE & PASTINAKENPÜREE

Für das **Wurzelgemüse** den Sellerie, die Karotten und den Lauch waschen, schälen und in etwa 4–6 cm lange und 1–3 mm dicke Juliennestreifen schneiden. In eine ofenfeste Form geben und mit Gemüsebrühe und einem Schuss Weißwein anfüllen, sodass das Gemüse etwa 1 cm mit Flüssigkeit bedeckt ist.

Die **Pastinaken** schälen und in kleine Stücke schneiden In einen Topf geben und mit 150 ml Sahne und etwas Gemüsebrühe auffüllen, sodass die Pastinaken gerade bedeckt sind. In etwa 15–20 Minuten weich kochen und mit einem Mixer pürieren.

8 der 12 **Forellenfilets** jeweils über 2 Finger rollen und mit einem Zahnstocher fixieren. Die anderen 4 in kleine Würfel schneiden und mit 150 ml Sahne, dem Crushed Ice, Salz, Pfeffer und Muskatnuss in einen Mixer oder Thermomix geben. Nur wenige Sekunden mixen. Das Eis trägt dazu bei, dass die Mischung durch die Reibung nicht überhitzt. Die Farce mit Hilfe eines Löffels oder Spritzbeutels in die Röllchen geben und alles auf die Gemüsejulienne in den Sud setzen. Mit Alufolie oder einem Deckel dicht verschließen und bei 180 Grad im vorgeheizten Backofen etwa 15–20 Minuten garen.

Das Pastinakenpüree auf vorgewärmten Tellern anrichten. Die Forellenröllchen und das Wurzelgemüse daraufgeben und mit dem Dill bestreuen.

WURZELGEMÜSE

1	Sellerie
2	Karotten
1	Lauch
½–1 l	Gemüsebrühe
etwas	Weißwein

PASTINAKENPÜREE

500 g	Pastinaken
150 ml	Sahne
etwas	Gemüsebrühe

FORELLENRÖLLCHEN

12	Forellenfilets ohne Haut, mittelgroß, entgrätet
150 ml	Sahne
50 g	Crushed Ice
etwas	Salz, Pfeffer, Muskatnuss

1 Bund	Dill, gehackt

Rezept von Daniel Frech
Gericht für 4 Personen | Zeit 60 Minuten
+ 12 Stunden Marinierzeit

GEBRATENE LACHSFORELLE MIT MISO, AUBERGINENCREME & KICHERERBSEN

Miso? Was war das gleich noch mal? Das ist eine japanische Würzpaste, eine echte Geschmacksbombe, die vor allem aus fermentierten Sojabohnen und Reis bzw. einer Getreideart besteht. Die Wunderpaste gibt es übrigens auch bei uns. In Villingen rührt Peter Koch sein Schwarzwald-Miso an. Und zwar so gut, dass nicht nur heimische Spitzenköche, sondern auch japanische Meister ins Schwärmen geraten …

MISO-MARINADE

110 g	Misopaste
40 ml	Sake
40 ml	Mirin (Reiswein)
50 g	Zucker
400 g	Lachsforellenfilet

AUBERGINENCREME

2	Auberginen
150 ml	Olivenöl
2	Knoblauchzehen
2	Zweige Thymian
1	Zweig Rosmarin
etwas	Salz, Pfeffer, Kreuzkümmel

GEBRATENE AUBERGINEN

2	Auberginen
2 EL	Olivenöl
1	Knoblauchzehe
etwas	Salz, Pfeffer
etwas	Balsamico, hell

KICHERERBSENSALAT

200 g	Kichererbsen aus der Dose
4–5	Korianderblätter
½ Bund	Petersilie
3–4 EL	Olivenöl
1 EL	Balsamico, hell
1 EL	Zitronensaft
etwas	Salz, Pfeffer, Kreuzkümmel

Für die **Miso-Marinade** alle Zutaten mit dem Pürierstab vermengen. Den Fisch mit der Marinade bestreichen und mindestens 12 Stunden ziehen lassen.

Die Auberginen für die **Creme** halbieren und das Fleisch einschneiden. Die Haut sollte dabei nicht mit eingeritzt werden. Mit der Fruchtfleischseite nach oben in eine Auflaufform setzen, mit Olivenöl begießen und mit Salz und Pfeffer würzen. Die geschälten und klein geschnittenen Knoblauchzehen sowie die Kräuter darüber verteilen und bei 160 Grad Umluft 35–45 Minuten im Ofen garen, bis das Fleisch der Aubergine schön weich ist. Mit einem Löffel aus der Schale kratzen und fein pürieren. Je nach Konsistenz noch etwas Olivenöl untermixen. Die Creme noch mal mit Salz, Pfeffer und Kreuzkümmel abschmecken.

Für die **Auberginen** das Fruchtgemüse in fingerdicke Scheiben schneiden. In einer Pfanne mit Olivenöl und angedrückter Knoblauchzehe goldbraun anbraten. Mit Salz und Pfeffer würzen und mit etwas hellem Balsamico-Essig beträufeln.

Die **Kichererbsen** abbrausen und abtropfen lassen. Die Korianderblätter und die Petersilie waschen, trocknen und in feine Streifen schneiden. Alles in Öl, Essig und Zitronensaft marinieren und mit den Gewürzen abschmecken.

Die marinierte Lachsforelle in etwa 3 cm dicke Scheiben schneiden und in der Pfanne mit etwas Olivenöl scharf von allen Seiten anbraten. Aber Achtung: Der Fisch wird schnell schwarz! Im vorgeheizten Backofen bei 80 Grad Umluft in etwa 5–6 Minuten fertig garen.

Auf den gebratenen Auberginenscheiben anrichten und mit der Auberginencreme und dem Kichererbsensalat servieren. Nach Belieben noch mit ein paar frischen Kräutern garnieren.

Rezept von Johannes Dünnebacke
Gericht für 4 Personen | Zeit 45 Minuten

SALTIMBOCCA VON DER FORELLE MIT SPITZKRAUT UND KARTOFFELPÜREE

Die Kartoffeln schälen, in grobe Würfel schneiden und in Salzwasser in etwa 30 Minuten weich kochen. In der Zwischenzeit die Milch mit der Sahne und der Butter aufkochen. Die Kartoffeln abgießen und die Würfel durch eine Presse in die Flüssigkeit drücken. Das **Kartoffelpüree** gut verrühren und mit Salz, Pfeffer sowie Muskat abschmecken.

Die Tomaten (mitsamt Strunk) in eine Schale geben, mit etwas Olivenöl und einer Prise Salz für 10 bis 15 Minuten bei 180 Grad im Ofen backen

In der Zwischenzeit das **Spitzkraut** vierteln, waschen, vom Strunk befreien und in feine Streifen schneiden. Mit etwas Butter in einem Topf andünsten, bis es weich ist. Mit Salz abschmecken.

Die **Forellen** entlang der Rückengräte filetieren. Mit einem flexiblen Messer die Gräten am Bauch sowie die Haut mit einem langen Schnitt entfernen. Alternativ könnt Ihr Euch die Forelle natürlich auch vom Fischhändler küchenfertig zubereiten lassen. Jedes Forellenfilet in drei Stücke schneiden. Die Stücke salzen, mit einem Salbeiblatt belegen und in je eine Scheibe Schinken einschlagen. Das Öl in einer Pfanne bis kurz vor dem Rauchpunkt erhitzen. Die Forellen darin scharf anbraten, sodass der Schinken schön knusprig wird.

Die Forellenfilets zusammen mit dem Spitzkraut und dem Kartoffelpüree anrichten, nach Belieben mit ein paar angebratenen Salbeiblättern und den gebackenen Tomaten dekorieren und sofort servieren.

KARTOFFELPÜREE

500 g	Kartoffeln (mehligk.)
75 ml	Milch
75 ml	Sahne
50 g	Butter
	Salz, Pfeffer, Muskat

SPITZKRAUT

12	Kirschtomaten
	Olivenöl
	Salz
600 g	Spitzkraut
1 EL	Butter

FORELLEN

2	Forellen (je 400 g)
	Salz
12	Salbeiblätter
12	Scheiben Schwarzwälder Schinken
	Öl zum Braten

Salbeiblätter und Tomaten als Deko

Rezept von Lorenz Baschnagel
Gericht für 4 Personen | Zeit 40 Minuten

CEVICHE VON DER FORELLE MIT RUCOLA UND RADIESCHEN

Ceviche ist ein traditionelles Fischgericht aus Peru, das heute in allen Ländern Südamerikas gegessen wird. Es besteht aus rohem Fisch, der in einem „Leche de Tigre" (dt. Tigermilch) genannten Sud aus Zitrussaft, Salz und meist noch Chilis mariniert wird. Welche Gewürze Ihr dazugebt, ist natürlich Euch überlassen! Ich esse dazu gerne etwas frischen Rucola und gebe noch ein paar eingelegte Radieschen dazu – ein schnelles, leichtes und superleckeres Gericht!

MARINADE

2	Limetten
1	Zitrone
10 g	Ingwer
	Salz, Pfeffer
	Zucker
30 g	Olivenöl

FORELLE

4	sehr frische Forellenfilets
etwas	Salz, Pfeffer

1	Handvoll Rucola
1	rote Zwiebel
4	Radieschen

Für die **Marinade** die Limettenschale abreiben und den Saft auspressen. Die Zitrone ebenfalls auspressen und mit dem Limettensaft und -abrieb in eine Schüssel geben. Den Ingwer fein reiben und hinzugeben. Mit Salz, Pfeffer und Zucker abschmecken. Das Olivenöl mithilfe eines Rührgeräts unter den Saft mixen, bis eine homogene Masse entsteht.

Die **Forellenfilets** von Haut und Gräten befreien. Ihr könnt sie Euch natürlich auch vom Fischhändler schon küchenfertig zubereiten lassen. In dünne Tranchen schneiden, salzen und pfeffern. Die Marinade dazugeben, alles gut vermischen und etwa 30 Minuten ziehen lassen.

Den Rucola waschen und trocken schleudern. Die Zwiebel schälen und in dünne Ringe schneiden. Radieschen waschen und in Scheiben schneiden.

Die Forellenfilets in tiefen Tellern oder Schälchen anrichten. Rucola, Zwiebelringe und Radieschen dazugeben und nach Belieben noch mit ein paar eingelegten oder in Zitrone marinierten Radieschen sowie etwas Limettenschale garnieren.

Rezept von Volker Hupfer
Gericht für 4 Personen | Zeit 60 Minuten
+ 24 Stunden Beizzeit

ZWEIERLEI VOM SAIBLING MIT ROTE BETE, APFEL & WASABI

Der Saibling ist einer unserer Lieblingsfische. Er kommt von hier, ist vielfältig und fein im Aroma. Wir verarbeiten ihn gerne mit asiatischen Gewürzen – so wie hier mit unserer leckeren Wasabi-Mayonnaise. Der säuerliche Apfelsalat bildet dazu die perfekte Ergänzung.

GEBEIZTER SAIBLING

100 g	Rote Bete, vorgegart
10 g	Meerrettich, frisch
100 g	Salz
50 g	Zucker
1 Zweig	Dill, gehackt
10 cl	Pernod
300 g	Saiblingsfilets

SAIBLINGSTATAR

300 g	Saiblingsfilets
1 TL	Petersilie, gehackt
1 EL	Limonen-Olivenöl
etwas	Salz, Pfeffer

APFELSALAT

200 g	Äpfel
1 EL	Zitronensaft
2 EL	Rote-Bete-Saft

APFELGEL

150 g	Äpfel
100 ml	Apfelsaft
2 g	Agar-Agar
1 Prise	Chilipulver

WASABI-MAYONNAISE

20 g	Wasabipaste
30 g	Mayonnaise
1 EL	Sojasauce

WILDKRÄUTERSALAT

100 g	Wildkräutersalat
2 EL	Balsamico-Essig
1 EL	Olivenöl
etwas	Salz, Pfeffer

Für den **gebeizten Saibling** die Rote Bete raspeln. Mit ihrem Saft, dem frischen Meerrettich, Salz, Zucker, Dill und Pernod zu einem Sud vermengen. Die Saiblingsfilets putzen, entgräten und mit der Haut nach unten auf ein Blech legen. Mit dem Sud begießen, mit Folie abdecken und 24 Stunden im Kühlschrank ziehen lassen.

Für das **Tatar** die Saiblingsfilets säubern, entgräten und fein schneiden. Mit gehackter Petersilie und Limonen-Olivenöl vermengen. Nach Belieben mit Meersalz und Pfeffer abschmecken. Wichtig: bei rohem Fisch immer auf optimale Hygiene und Kühlung bis zum Servieren achten!

Die **Äpfel** schälen, entkernen und in feine Würfel schneiden. Mit Zitronen- und Rote-Bete-Saft vermengen.

Für das **Apfelgel** die Apfel schälen, entkernen und pürieren. Mit Apfelsaft aufkochen, Agar-Agar dazugeben und 3 Minuten kocheln lassen. Auf einem Blech erkalten lassen. Im Thermomix oder mit einem Stabmixer zu einer glatten Masse rühren. Mit Chilipulver abschmecken.

Wasabipaste mit Mayonnaise und Sojasauce zu einer würzigen **Mayo** verrühren.

Den **Wildkräutersalat** in einer Schüssel mit dem Balsamico-Essig und dem Olivenöl marinieren. Nach Belieben mit Salz und Pfeffer abschmecken.

Den gebeizten Saibling in breite Streifen schneiden. Aus dem Tatar und dem Apfelsalat jeweils kleine Häufchen formen und zusammen mit dem gebeizten Saibling anrichten. Mit dem Wildkräutersalat und Tupfen des Apfelgels und der Wasabi-Mayonnaise garnieren.

Rezept von Alexander Maier
Gericht für 4 Personen | Zeit ca. 45 Minuten

BACHSAIBLING MIT THYMIANKRUSTE AN KARTOFFEL-GUNDERMANN-PÜREE

Geht man mit offenen Augen durch seinen Garten, kann es passieren, dass man kleine lila Blüten entdeckt, die flächig auftreten. Meist handelt es sich um wilden Thymian. Sollte dies im eigenen Rasen nicht der Fall sein, kann man ihn auch getrost im Beet anpflanzen. Er wächst immer und fast überall. Hat man ihn geerntet, klein schneiden und mit gleich viel Butter wie Semmelbrösel mischen. Lecker!

Für die **Kruste** Thymian, Butter und Semmelbrösel mischen. Beiseitestellen.

Für das **Püree** zuerst Kartoffeln (am besten mehligkochende) schälen und in Salzwasser gar kochen. Sind sie weich, abgießen und ungefähr 5 Minuten ausdampfen lassen. In der Zwischenzeit in einem Topf die Sahne mit einer Flocke Butter erwärmen. Die Kartoffeln durch eine Presse in die warme, aber nicht kochende Sahne pressen. Den geschnittenen Gundermann hinzugeben. Mit Salz, Pfeffer und Muskatnuss abschmecken und mit einem Kochlöffel in wenigen Umdrehungen verrühren. Achtung: Nicht zu lange rühren, sonst wird das Püree wie Kleister. Der Gundermann fügt dem Kartoffelgeschmack eine leicht herbe Note hinzu.

Für die **Sauce** die Zwiebel in Würfel schneiden, in Butter anschwitzen und mit einem guten Weißwein ablöschen. Gemüsebrühe hinzugeben und das Ganze einmal aufkochen lassen. Sauce durch ein Sieb passieren, Sahne hinzugeben, aufkochen und mit Kartoffelstärke abbinden. Mit Salz und Pfeffer abschmecken. Zum Schluss den geschnittenen Thymian hinzugeben.

Die **Bachsaiblinge** entgräten, würzen und kurz auf der Fleischseite anbraten. Danach auf die Hautseite wenden und mit der Kruste belegen. Die Fische für 5 Minuten in den auf 180 Grad vorgeheizten Ofen schieben.

THYMIANKRUSTE

15 g	Thymian
30 g	Butter
30 g	Semmelbrösel

PÜREE

500 g	Kartoffeln
75 ml	Sahne
1 TL	Butter
10–12	Blätter Gundermann
	Salz, Pfeffer
	Muskatnuss

SAUCE

75 g	Zwiebel
	Butter
100 ml	Weißwein
100 ml	Gemüsebrühe
50 ml	Sahne
1 EL	Kartoffelstärke
	Salz, Pfeffer
1	Zweig Thymian

BACHSAIBLINGE

4	ganze Fische, küchenfertig filetiert

Rezept von Matthias Schwer
Gericht für 4 Personen |Zubereitung 30 Minuten
+ Kühlzeit

SAIBLING AN BUTTERMILCH MIT RETTICH UND PETERSILIE

Das **Saiblingsfilet** von der Haut ziehen. Auf ein Blech legen, von beiden Seiten salzen. 3 bis 4 Züge Limettenschale über das Filet reiben. Öl über das Filet träufeln und Peffer aus der Mühle darüberstreuen. Für 12 Stunden in den Kühlschrank stellen. Tipp: Wenn man das marinierte Filet vakuumiert, ist es in 3 Stunden fertig gebeizt.

Den **Rettich** waschen und mit einer Bürste die äußeren Härchen entfernen. Den Rettich dünn aufschneiden, pro Person sieben Scheiben herstellen. Mit Salz, Pfeffer Mandelöl und Himbeeressig marinieren. Die Scheiben aufeinandersetzen und von der Mitte aus einmal einschneiden. Bis zum Anrichten kühl stellen.

Buttermilch in eine Schüssel füllen und mit dem Salz und dem Cayennepfeffer würzen. Je nach Geschmack mit Meerrettich und Ingwer würzen, ein paar Spritzer Zitronensaft dazu, dann kalt stellen.

Petersilie grob hacken, zum Anrichten noch 4 schöne Spitzen aufheben. Das Traubenkernöl in einem Topf leicht auf etwa 40 Grad erwärmen. Die geschnittene Petersilie dazugeben und im Mixer kräftig durchmixen, dann passieren.

Aus dem Saiblingsfilet 4 schöne Stücke portionieren und in die Mitte des Tellers legen. Rettichscheiben an der Schnittstelle so eindrehen, dass ein Kegel entsteht. 7 Stück auf jede Portion legen. In jeden Rettichkegel etwas Kaviar geben. Den Buttermilchfond um das Filet herumgießen. Mit einem Löffel etwas von dem Petersilienöl rundherum in den Buttermilchfond geben. Mit Petersilienspitzen garnieren.

GEBEIZTER SAIBLING

200 g	Saiblingsfilet
18 g	Salz
1	Limette, Abrieb
15 g	Mandelöl
	Pfeffer

ROTER RETTICH

1	roter Rettich
	Salz und Pfeffer
2 TL	Mandelöl
1 TL	Himbeeressig

BUTTERMILCHSUD

200 ml	Buttermilch
etwas	Salz
etwas	Cayennepfeffer
	Meerrettich
	Ingwer
	Zitronensaft

PETERSILIENÖL

100 g	glatte Petersilie
50 ml	Traubenkernöl

1 EL	Forellenkaviar

Rezept von Iván Lagunas Romeo
Gericht für 4 Personen | Zeit 45–60 Minuten

KAMINO-EINTOPF MIT HECHT UND MEERESFRÜCHTEN

Für den Eintopf die küchenfertigen Hechtfilets und die Garnelen auf beiden Seiten würzen. Den Hecht großzügig mit Mehl panieren. Olivenöl in einem Topf erhitzen und den Fisch darin goldbraun braten. Auf Küchenpapier legen. Die Garnelen in derselben Pfanne knusprig braten und ebenfalls auf Küchenkrepp abtropfen lassen.

In der Zwischenzeit die Kartoffeln schälen, 20 Minuten kochen und in 1 mal 1 cm große Würfel schneiden. Eventuell noch etwas Öl in die Pfanne geben und die Würfel ohne Zugabe von Salz kurz anbraten und beiseitestellen.

Der grüne Spargel muss nur geschält werden, falls das untere Drittel holzig ist. In heißem Wasser 4–5 Minuten blanchieren.

Zwiebel und Knoblauch schälen und fein hacken. Noch einmal etwas Öl in die Pfanne geben und Zwiebel sowie Knoblauch darin glasig dünsten.

Alles in einen großen Topf oder eine rustikale Tonpfanne (Cazuela) geben. Mit dem Fischfond auffüllen und zum Kochen bringen. Die Muscheln abbrausen und in einem Sieb abtropfen lassen. Geöffnete Muscheln aussortieren. Den Rest zusammen mit den Tomaten, den Zitronenscheiben, dem Salz und dem Thymian oder Oregano hinzugeben und alles etwa 5 Minuten bei mittlerer Hitze mit geschlossenem Deckel köcheln lassen. Die Muscheln, die sich während des Kochens nicht geöffnet haben, vor dem Servieren ebenfalls aussortieren.

In tiefen Tellern anrichten und mit einem guten Glas Weißwein genießen!

ZUTATEN

400 g	Hechtfilets
8	Garnelen
50 g	Mehl
	Olivenöl
	Salz, Pfeffer
200 g	Kartoffeln
16	Spargelstangen, grün
1	Zwiebel
2	Knoblauchzehen
500 ml	Fischfond
16	Muscheln, frisch
100 g	Cocktailtomaten
4	Zitronenscheiben
etwas	Salz
etwas	Thymian oder Oregano

Wo Baden auf Spanien trifft

Sein Kochleben führte ihn durch halb Europa, der Liebe wegen kam er in den Hochschwarzwald – und blieb. In Häusern feiert ***Iván Lagunas Romeo*** *die Küche seiner alten Heimat und kombiniert sie mit der neuen. Wie das schmeckt? Spannend!*

Oft im Spaß, aber manchmal sogar im Ernst, wird moniert, dass der Schwarzwald alles hat, bloß kein Meer. An der mediterranen Küche mangelt es jedenfalls nicht. Zwischen Schluchsee und St. Blasien wehen würzige Düfte durch Küche und Gaststube. Wen wundert's, der Küchenchef heißt Iván Lagunas Romeo und stammt ganz ursprünglich aus Aragonien, vom Fuße der Pyrenäen in Nordspanien.

Wie kommt so einer in den Hochschwarzwald? Der Liebe wegen – und aufgrund der schönen Landschaft, die ihn auch verzaubert hat. Iván Lagunas Romeo und Steffi Zumkeller haben sich auf einer ihrer gastronomischen Stationen kennengelernt. Da Steffi von Häusern kommt, war es naheliegend, hier die Zelte aufzuschlagen. „Ein Winter auf 1000 Meter ist toll", findet Iván. Für die drei Kinder sei so eine Umgebung ideal zum Aufwachsen. Gemeinsam hat das Paar 2017 das Restaurant übernommen, und da die Gaststube einen überdimensional großen Kamin hat, diese nach dem Kamin benannt. Dass hierbei der spanische Weg (el camino) mitschwingt, hat man gerne in Kauf genommen. Für Iváns Küche ist dennoch nicht der Weg das Ziel, sondern das Besondere …

Auf der Karte des Kamino stehen Gazpacho, Tapas, Pulpo und Schwarzwälder Rehrücken. „Wir sind mehr als ein spanisches Restaurant, wenn ich mal Pasta mache, sind wir ja auch nicht gleich ein Italiener", stellt Iván die Dinge klar. „Offen sein für alles", ist das Leitmotiv. Die Karte wechselt alle paar Wochen, nach Lust und Laune, denn Anlässe gibt's genug … Die Stammgäste ziehen mit und lassen sich gerne überraschen. Beim Wein ist man ebenso großartig souverän

„Ein Winter auf 1000 Meter ist toll. Für die Kinder ist so eine Umgebung ideal zum Aufwachsen."

Iván Lagunas Romeo

Großartig! Von Iváns Bruder Gabriel stammt der Stier vor dem Kamino. Im Gastraum dominiert der Kamin, daher auch der Name. Rechts: Stefanie Zumkeller hat auch einen Sinn fürs Dekor. Blumen müssen sein!

und offen aufgestellt, hat die Topweine aus dem Markgräflerland oder von sonst wo aus dem gelobten Badener Land, genauso wie den ein oder anderen kräftigen Spanier. Steffi Zumkeller weiß, welcher am besten zu den Speisen passt.

Iváns kulinarische Geschichte beginnt früh. Er erinnert sich an die Obstbäume seiner Kindheit und den Geschmack von Omas und Mamas Essen. Das blieb im Gedächtnis. Aber da es keine Rezepte gab, hat er selbst welche entwickelt. Gelernt hat er sein Handwerk und das des Restaurantfachmanns in Spanien in einer fünfjährigen Berufsschule mit angegliederten Restaurants. Danach kamen Stationen in großen Häusern in Italien, England, Deutschland und wieder Spanien. Die gehobene Küche war dabei immer Programm – das prägt. Aber über die eigene Küche meint er bescheiden, dass sie zwischen „normal und gehoben" liegt.
Die Gäste sehen das naturgemäß anders, denn Iváns feiner Gaumen und Steffis umsichtiges Wirken sind überdurchschnittlich. „Einer drin, einer draußen, so funktioniert es", erklärt Iván schnörkellos das gute und effektive Miteinander unter einem Dach. An Wochenenden und freien Tagen geht man die Dinge dann aber gemeinsam an. Mit drei kleinen Kindern ist schließlich immer was los. Gehen wir heute an den Strand? Okay, geht nicht. Dann halt in den Wald oder zum See …

HW

Schöner trinken. Sekt soll nicht nur schmecken, sondern auch schön ausschauen. Eine gleichmäßige Perlage und das Etikett sollen auch dem Auge gefallen. Hier etikettiert der Chef persönlich

Das große Prickeln

Schaumwein aus dem Schwarzwald: Max Wagner hat in St. Blasien eine Sektkellerei gegründet. Deutschlands höchstgelegene …

Der Hochschwarzwald ist immer für eine Überraschung gut. Deutschlands höchstgelegene Sektkellerei, gegründet 2020, befindet sich in St. Blasien auf 777 Meter Höhe. Besitzer ist Maximilian „Max" Wagner, 38, ein schlanker junger Mann, dem man es anhört, dass er von auswärts stammt. Er spricht geschliffenes Hochdeutsch. „Ich komme ja von der anderen Seite des Tresens", meint er etwas im Scherz und schenkt ein Glas Sekt ein. „Riechen Sie die Brioche-Aromen?"

Die Sektkellerei Heinz Wagner hat viele Wurzeln. Eine geht bis ins Wilhelminische Kaiserreich, die andere reicht geografisch in die Pfalz nach Kallstadt. St. Blasien und sein Dom (der höchstgelegene Dom Deutschlands) waren

Shake it like a Polaroid picture? Maximilian „Max" Wagner vor einem seiner Rüttelpulte. Jede Flasche Schaumwein muss mehrfach gerüttelt werden. Das macht man, um die Hefe abzusondern. In der Sektkellerei Heinz Wagner ist das noch Handarbeit, genauso wie die Eichenfässer traditionell per Hand gefertigt wurden

„Das wird jetzt meine letzte Unternehmung sein."

Max Wagner will es in Zukunft ruhiger angehen

vor mehr als 100 Jahren beliebt für die Sommerfrische. Etliche prächtige Häuser im Schweizer Chalet-Stil zeugen davon. Man lag abgeschieden, aber doch nicht zu sehr (Zürich, Basel, Freiburg), und zum nächsten Bahnhof in Schluchsee war's und ist's auch nicht weit. Außerdem war die Luft gut, rein und frisch und ist sie noch immer. Die Tannen! Der Schluchsee! Hier hatte ein gewisser Großadmiral Alfred von Tirpitz (1849–1930) eine Villa und plante eine irre Seestreitmacht. Bezahlen sollten aber andere, in diesem Fall alle, die gerne Sekt trinken. Die Sektsteuer wurde erfunden. Die Schiffe wurden versenkt, aber die Sektsteuer schwimmt bis heute obenauf.

Die Liebe zum Schaumwein ist den Deutschen nicht auszutreiben, wie das Beispiel Maximilian Wagner zeigt. In Kallstadt (Pfalz) gehörte die Familie Heinz (tatsächlich verwandt mit Heinz Ketchup USA) zu den Machern des Weinbaus. Die Familie gehörte zu den Gründern der Kallstadter Winzergenossenschaft, die Letzte in der Linie war Max' Oma Hedwig. Ihr zu Ehren heißt das Unternehmen auch Heinz Wagner. Bei Max Wagner verbinden sich Tradition mit Unruhe. Der junge Unternehmer hat davor schon allerhand gemacht, anfangs Gin und zuletzt als Mitbegründer von Belsazar Wermut. Den passenden Wein für die kräutrige Spirituose fand er beim Weingut Zähringer im Markgräflerland. 2015 war es an

der Zeit für etwas Neues. „Ich würde gerne Sekt machen", lautete die Ansage. Nur wo?
Wo die Liebe hinfällt. Max Wagners Frau stammt aus St. Blasien. In einer ehemaligen Getränkehandlung fand er den richtigen Ort für seine Kellerei. Den Winzer für die Grundweine hatte er schon, einen weiteren fand er in Gottenheim und Schliengen. Auch von Kilian Hunn und dem Weingut Greiner bezieht er Chardonnay und Pinot noir, der zu Rosé versektet wird. Dass er Sekt richtig machen will, war klar. Damit kam nur die französische Méthode traditionnelle infrage, also die Flaschengärung. Was fehlt? Die richtigen Fässer, die er von der Koryphäe Aßmann in Franken bezieht. Zudem geht nichts ohne Zeit. 12 beziehungsweise 60 Monate liegen die Schaumweine auf der Hefe.

Die Erfolgsgeschichte geht aber noch weiter. Als erfahrener Unternehmer weiß Max Wagner, dass man eine Menge mehr tun muss, um ein gutes Produkt zu verkaufen. Sogar dann, wenn es sehr gut ist. Zum Beispiel in eine superbe Einrichtung investieren. Seine Sektkellerei mit Showroom könnte genauso gut ein stylischer Szene-Club in München oder New York sein. Die Decke besteht aus robusten grauen Betonwaben, aber sonst sieht das Auge ein kräftiges Rot und Schwarz. Eine Art Insel wurde mittig in den Raum installiert, links davon steht ein gigantisches Sofa (so was kennt man höchstens vom Gottschalk) und hinter Glas kann man schon in die Kellerei runterschauen, zu den Fässern und Maschinen.
„Don't forget to disco", hat sich Max Wagner als Motto gewählt. Das meint er vielleicht ein bisschen hedonistisch, eventuell ironisch, aber sicher auch als Ode an die (Lebens-)Freude, die er auch immer wieder gerne zitiert. Sein Botschaft: Freut Euch des Lebens! Am besten mit Sekt aus dem Hochschwarzwald.

FLEISCH

Die saftigen Wiesen im Hochschwarzwald halten für Rinder, Ziegen und Lämmer jede Menge köstliches Futter bereit. Und auch den Schweinen tut die Höhenluft gut. Das schmeckt man – vor allem, wenn das Fleisch dann noch zu so leckeren Gerichten wie gefüllter Kalbsbrust oder Weideziegenkoteletts mit Linsen verarbeitet wird …

Rezept von Johannes Dünnebacke
Gericht für 4 Personen | Zeit 40 Minuten

SCHWARZWÄLDER LANDHUHN MIT KALTEM APFEL-SPINAT-SÜPPCHEN

Den Ofen auf 250 Grad vorheizen. Das **Landhuhn** in 2 Brüste und 2 Keulen zerlegen und mit Salz und Pfeffer würzen. Mit etwas Öl einreiben und etwa 30 Minuten im Backofen garen.

Für das **Apfel-Spinat-Süppchen** den Spinat waschen und trocken schleudern. Mit dem Joghurt, der Koriandersaat, den Chiliflocken und dem Apfelsaft in ein hohes Gefäß geben und fein pürieren. Die Masse mit Salz und Pfeffer abschmecken und kühl stellen.

Für die **Paprika-Mayonnaise** den Ofen auf 200 Grad vorheizen. Die Paprika waschen, entkernen, vierteln und etwa 30 Minuten backen. In der Zwischenzeit das Eigelb mit Senf und Zitronensaft mit einem Schneebesen verrühren. Nach und nach das Öl langsam unterrühren, sodass eine homogene Masse entsteht. Die Paprika in einem Mixer fein pürieren, durch ein Sieb streichen und zur Mayonnaise geben. Gut verrühren und mit Salz und Pfeffer abschmecken.

Die Suppe in einem tiefen Teller anrichten. Das knusprige Huhn in Stücke schneiden und in die Suppe hineinlegen. Mit den Spinatblättern und einigen Klecksen der Paprika-Mayonnaise anrichten. Wer mag, gibt noch ein paar geschmorte Tomaten dazu.

LANDHUHN

1	Landhuhn (2–3 kg)
etwas	Salz, Pfeffer
	Öl zum Einreiben

APFEL-SPINAT-SÜPPCHEN

100 g	Spinat
250 g	Rahmjoghurt
1 TL	Koriandersaat
1 TL	Chiliflocken
100 ml	frisch gepresster Saft von Granny-Smith-Äpfeln
etwas	Salz, Pfeffer

PAPRIKA-MAYONNAISE

1	Paprika, rot
1	Eigelb
1 Msp.	Senf
1	Zitrone, Saft
50 ml	Öl
etwas	Salz, Pfeffer
1	Handvoll Spinatblätter

Rezept von Manuel Schwörer
Gericht für 4 Personen | Zeit 45 Minuten
+ Ziehzeit 2 Stunden

SCHWARZWÄLDER LAMMHÜFTSTEAKS MIT KRÄUTER-POLENTA-TALERN

POLENTA-TALER

400 ml	Milch
50 g	Butter
250 g	Maisgrieß
2	Eier, verquirlt
1	Handvoll Kräuter der Provence
etwas	Salz, Pfeffer, Muskatnuss

LAMMHÜFTSTEAKS

4	Lammhüftsteaks
2	Knoblauchzehen
4	Tomaten
etwas	Salz

ROTWEINSAUCE

1	Zwiebel
1 TL	Tomatenmark
4 EL	Rotwein
6 EL	Gemüsebrühe
1	Handvoll Kräuter der Provence
	Öl zum Anbraten

Für die **Polenta-Taler** Milch und Butter in einen Topf geben und unter Rühren aufkochen. Maisgrieß hinzugeben und in etwa 20 Minuten bei kleiner Hitze zu einem Brei köcheln lassen. Vom Herd nehmen, die Eier in die Polentamasse einrühren und mit Kräutern, Salz, Pfeffer und Muskatnuss abschmecken. Je ein großes Stück Alufolie und Frischhaltefolie übereinanderlegen, die Masse daraufgeben und zu einem großen Bonbon einrollen. Zwei Stunden stehen lassen.

Die **Lammhüftsteaks** von der schmalen Seite her gegen die Fasern halbieren und etwas plätten. Knoblauch schälen und klein schneiden. Tomaten vom Strunk befreien und halbieren. Mit etwas Salz und einem Teil des Knoblauchs belegen. Den Backofen auf 80 Grad vorheizen. Die Lammhüftsteaks zusammen in einer Pfanne von allen Seiten anbraten, die Tomaten dazugeben und mitbraten. Alles auf ein mit Backpapier belegtes Backblech geben und etwa 15 Minuten im Ofen weitergaren.

Die Pfanne wieder auf den Herd stellen. Die Zwiebel schälen, fein würfeln und mit dem restlichen Knoblauch darin anschwitzen. Das Tomatenmark unterrühren und mit dem **Rotwein** ablöschen. Etwas einreduzieren lassen und mit der Gemüsebrühe auffüllen. Nochmals reduzieren lassen, sodass eine saucenartige Konsistenz entsteht. Mit den Kräutern und etwas Salz abschmecken.

Das Polenta-Bonbon von Alu- und Frischhaltefolie befreien, in etwa 2 cm breite Scheiben schneiden und in einer Pfanne von beiden Seiten anbraten. Die Rotweinsauce auf vorgewärmten Tellern verteilen, die Lammhüftsteaks, Polenta-Taler und Knoblauchtomaten daraufsetzen und nach Belieben noch mit ein paar frischen Kräutern garnieren.

Rezept von Volker Hupfer
Gericht für 4 Personen | Zeit 120 Minuten

LAMM IM TRAMEZZINO MIT ERBSENPÜREE & VANILLE-POLENTA

Die **Lammrückenfilets** parieren, mit Salz und Pfeffer würzen und in Butterschmalz scharf anbraten.

Für die **Farce** die Lammkeule in grobe Stücke schneiden und wolfen. Sahne unterheben und die Masse durch ein Sieb streichen. Kräuter waschen, trocknen und fein schneiden. Mit der Fleischmasse vermengen und mit Salz abschmecken. Die Farce dünn auf die Tramezzino-Scheiben streichen. Die Lammrückenfilets darauflegen und einrollen. Die Rollen in Butterschmalz goldgelb anbraten. Auf ein mit Backpapier belegtes Backblech legen und bei 140 Grad im vorgeheizten Ofen etwa 10 Minuten rosa garen. Die Kerntemperatur sollte etwa 58 Grad betragen.

Für die **Vanille-Polenta** die Sahne mit dem Thymian, Rosmarin und der geschälten und klein geschnittenen Knoblauchzehe aromatisieren. Das Mark der Vanilleschote dazugeben, alles aufkochen lassen und durch ein feines Sieb passieren. Die Schalotten schälen, fein schneiden und in Olivenöl und Butter glasig dünsten. Mit Gemüsefond ablöschen und zum Kochen bringen. Die aromatisierte Sahne dazugeben und den Maisgrieß unter ständigem Rühren einrieseln lassen. Alles etwa 20 Minuten quellen lassen. Butter und Parmesan unterrühren und mit Salz und Pfeffer abschmecken. Die Masse in eine Form geben, erkalten lassen und in Würfel schneiden. In Mehl, Ei und Paniermehl panieren und in Öl knusprig ausbacken.

Die Schalotten fein hacken und in Olivenöl andünsten. Erbsen dazugeben und mitdünsten. Mit Salz und Pfeffer abschmecken. Zu einem feinen **Püree** verarbeiten und durch ein Sieb streichen.

Die **Möhren** schälen und in leicht gesalzenem Wasser blanchieren. **Erbsen** in Gemüsebrühe und Butter in einer Sauteuse glasieren.

Die Lammrückenfilets und die Farce im Tramezzino in feine Scheiben schneiden und auf vorgewärmten Tellern anrichten. Mit den Polenta-Würfeln, dem Erbsenpüree und dem Möhren-Erbsen-Gemüse dekorieren. Nach Belieben noch mit ein paar frischen Kräutern oder etwas Preiselbeersauce garnieren.

LAMMRÜCKENFILETS

600 g	Lammrückenfilets
etwas	Salz, Pfeffer
2 EL	Butterschmalz

FARCE IM TRAMEZZINO

150 g	Lammkeule
120 ml	Sahne
40 g	Kräuter nach Wahl
6	Scheiben Tramezzino (Weißbrot, entrindet)
2 EL	Butterschmalz

VANILLE-POLENTA

100 ml	Sahne
1 Zweig	Thymian, Rosmarin
1	Knoblauchzehe
1	Vanilleschote
50 g	Schalotten
15 ml	Olivenöl
15 g	Butter
500 ml	Gemüsefond
125 g	Maisgrieß
25 g	Butter
50 g	Parmesan, gerieben
50 g	Mehl
2	Eier, verquirlt
50 g	Paniermehl

ERBSENPÜREE

50 g	Schalotten
50 ml	Olivenöl
400 g	Erbsen

MÖHREN & ERBSEN

100 g	Babymöhren
100 g	Erbsen
100 ml	Gemüsebrühe
20 g	Butter

Rezept von Johannes Dünnebacke
Gericht für 4 Personen | Zeit 1 Stunde
+ Kühlzeit 1 Stunde

HOCHSCHWARZWÄLDER WEIDEZIEGE MIT LINSEN & GEBRATENEM GEMÜSE

Für die **Kräuterbutter** die zimmerwarme Butter in einem Schlagkessel schaumig schlagen. Eine Schalotte fein würfeln, mit der geschälten und fein gehackten Knoblauchzehe, der Petersilie und dem Kerbel in einer Pfanne anbraten und anschließend fein mixen. Die Paste in die Butter geben und mit Salz, Pfeffer und Zitronensaft abschmecken. Die Butter in einen Spritzbeutel mit Sterntülle geben und auf ein Backpapier dressieren. Im Kühlschrank eine Stunde auskühlen lassen.

Die Knochen der **Ziegenkoteletts** mit einem kleinen Messer „putzen", also vom Fleisch befreien. Die Sehnen vom Rückenstrang abparieren. Das Fleisch mit Salz und Pfeffer würzen und in einer heißen Pfanne von allen Seiten scharf anbraten. In den Ofen geben und bei etwa 80 Grad garen, bis das Fleisch eine Kerntemperatur von 55 Grad erreicht hat. Nach Belieben Knoblauch und provenzalische Kräuter hinzugeben.

Die **Linsen** mit Wasser bedecken und je nach Größe 10 Minuten einweichen lassen. Die Schalotte und die Knoblauchzehe fein würfeln und in einem Topf mit Olivenöl anschwitzen. Die Linsen abtropfen lassen, in den Topf geben und mit dem Balsamico-Essig ablöschen. Mit der Gemüsebrühe auffüllen und weich kochen. Mit Salz und Pfeffer abschmecken.

Für das **gebratene Gemüse** die Zucchini, Paprika und Aubergine waschen, putzen und in grobe Würfel schneiden. Die Knoblauchzehe und die Schalotte schälen und fein würfeln. Alles in einer Pfanne mit Olivenöl anbraten. Wenn das Gemüse Farbe hat, die geviertelten Kirschtomaten dazugeben und langsam weiterköcheln lassen, bis die Masse eindickt.

Kurz vor dem Servieren die Koteletts in Streifen schneiden, mit dem Gemüse, den Linsen und der Kräuterbutter anrichten und nach Belieben mit Zucchiniblüten oder frischen Kräutern dekorieren.

KRÄUTERBUTTER

150 g	Butter
1	Schalotte
1	Knoblauchzehe
2 EL	Petersilie, gehackt
2 EL	Kerbel, gehackt
etwas	Salz, Pfeffer
1	Zitrone, Saft

ZIEGENKOTELETTS

12	Koteletts (Rücken) einer jungen Ziege
etwas	Salz, Pfeffer
	Knoblauch & Kräuter nach Belieben

LINSEN

160 g	Schwarzwälder Linsen
1	Schalotte
1	Knoblauchzehe
2 EL	Olivenöl
50 ml	Balsamico-Essig
300 ml	Gemüsebrühe
etwas	Salz, Pfeffer

GEBRATENES GEMÜSE

1	Zucchini
1	Paprika, rot
1	Paprika, gelb
1	Aubergine
1	Knoblauchzehe
1	Schalotte
etwas	Olivenöl
250 g	Kirschtomaten

Zucchiniblüten oder frische Kräuter zum Garnieren

Rezept von Iván Lagunas Romeo
Gericht für 4 Personen | Zeit 90 Minuten

GESCHMORTE ZICKLEINKEULE MIT HONIG-THYMIAN-MAJADA

Zickleinfleisch ist bei uns in Spanien weiter verbreitet als hierzulande. Aber auch im Hochschwarzwald bekommt man sehr gutes, wenn auch nicht an jeder Ecke. Meines beziehe ich vom Ziegenhof Stieghof in Unteralpfen-Albbruck. Es ist besonders zart und aromatisch – meine Empfehlung!

HONIG-THYMIAN-MAJADA

4	Knoblauchzehen
3 EL	Honig
1 Bund	Thymian, geputzt, nur die Blätter

FÜR DIE ZICKLEIN

2	Zickleinkeulen
1 EL	Öl
1 kg	Kartoffeln
10	Frühlingszwiebeln
1 TL	Speisestärke
	Salz

Die Knoblauchzehen schälen und klein schneiden. Zusammen mit Honig und dem fein gehackten Thymian zu einer **Majada** verarbeiten, der spanischen Variante des Pestos. Ist der Honig zu fest, kurz in der Mikrowelle oder in einem kleinen Topf im Wasserbad erwärmen.

Vor dem Schmoren der **Ziegenkeulen** das Fleisch längs einschneiden, dabei der Knochenform folgen. 1–2 Minuten von beiden Seiten in etwas Öl in einer Pfanne scharf anbraten und anschließend mit der Majada einreiben.

Die Kartoffeln schälen und in 5 mm dicke Scheiben schneiden. Von beiden Seiten salzen. Die Frühlingszwiebeln waschen, putzen und halbieren.

Ein Backblech mit Olivenöl benetzen und die Kartoffeln fächerartig darauf ausbreiten, sodass sie ein Bett für die Zicklein bilden. Fleisch darauflegen und zusammen mit einem halben Glas Wasser in den auf 140 Grad vorgeheizten Ofen stellen. Etwa 70 Minuten schmoren. Mit einem Messer einstechen und prüfen, ob alles gar ist. Lässt sich das Fleisch leicht vom Knochen lösen, zusammen mit den geputzten Frühlingszwiebeln erneut in den Ofen schieben und bei 180 Grad mit Umluft 10 Minuten garen. Den Fleischsaft vom Backblech in einem separaten Topf mit etwas Stärke und Wasser zu einer würzigen Sauce eindicken.

Die Keulen quer zur Faser in Scheiben schneiden und auf einem Kartoffel- und Zwiebelbett servieren. Mit der Sauce anrichten und nach Belieben mit etwas frischem Thymian servieren.

Rezept von Daniel Frech
Gericht für 4 Personen | Zeit 90 Minuten
+ 30–36 Stunden Marinier- und Garzeit

ZWEIERLEI VOM ÜHLINGER SCHWEIN MIT ROTE-BETE-KARTOFFEL-STAMPF

Salz und Zucker in Wasser auflösen und den **Schweinebauch** 6–12 Stunden in der Lake marinieren. Herausnehmen und in einem Kochbeutel vakuumieren. Den Sous-vide-Garer auf 68 Grad einstellen und den Schweinebauch darin 24 Stunden garen.

Für die **Portwein-Himbeer-Sauce** Schalotten schälen, fein würfeln und in etwas Öl anschwitzen. Mit Portwein ablöschen und mit Rotwein und Kalbsfond auffüllen. Flüssigkeit gut reduzieren, mit Butterwürfeln montieren und mit Himbeeressig verfeinern. Die Sauce durch ein Sieb passieren und mit Salz und Pfeffer abschmecken.

Die **Rote Bete** leicht salzen und in Aluminiumfolie gewickelt bei 160 Grad im Ofen etwa 30 Minuten garen. Schälen und in etwa 5 mm dicke Würfel schneiden. 50 g der Würfel für den Kartoffelstampf beiseitestellen, den anderen Teil mit etwas Portwein-Himbeer-Sauce noch mal erwärmen und pürieren.

Für den **Kartoffelstampf** die Kartoffeln in Salzwasser weichkochen. Im Topf mit einem Schneebesen zerdrücken. Milch, Butter und Sahnemeerrettich unterrühren und alles gut abschmecken. Kurz vor dem Servieren die Rote-Bete-Würfel unterheben und pürieren.

Die **Schweinerückensteaks** leicht salzen und in einer ofenfesten Pfanne in etwas Öl anbraten. Kräuter waschen (z.B. Thymian oder Rosmarin), Knoblauch schälen und alles fein hacken. Auf den Steaks verteilen und alles bei 100 Grad Umluft im Backofen garen, bis eine Kerntemperatur von 56 Grad erreicht ist. Aus dem Ofen nehmen und etwas ruhen assen, dann in Butter nachbraten. Die Kerntemperatur sollte beim Servieren bei 60–62 Grad liegen.

Kurz vor dem Servieren die Schwarte des Schweinebauchs fein einschneiden und unter dem Backofengrill mit reiner Oberhitze knusprig braten. Zusammen mit den Schweinerückensteaks in Scheiben schneiden. Den Kartoffelstampf auf vorgewärmten Tellern verteilen und das Fleisch daraufsetzen. Mit Klecksen der pürierten Roten Bete, einer Handvoll Himbeeren und nach Belieben etwas Kresse oder Kräutern garnieren.

SCHWEINEBAUCH

15 g	Salz
20 g	Zucker
300 ml	Wasser
300 g	Schweinebauch mit Schwarte
	Sous-vide-Garer

PORTWEIN-HIMBEER-SAUCE

4	Schalotten
etwas	Öl
80 ml	Portwein
200 ml	Rotwein
100 ml	Kalbsfond
150 g	Butter, gewürfelt
25 ml	Himbeeressig
	Salz, Pfeffer

ROTE BETE

1	Rote Bete
	Salz

KARTOFFELSTAMPF

400 g	Kartoffeln, mehlig
150 ml	Milch
50 g	Butter
50 g	Sahnemeerrettich
	Salz, Pfeffer, Muskat
50 g	Rote-Bete-Würfel

SCHWEINERÜCKENSTEAKS

2	Schweinerücken-steaks à 300 g
etwas	Salz, Öl, Pfefferkörner, Kräuter, Knoblauch
1 EL	Butter

Himbeeren, Kresse

Rezept von Matthias Schwer
Gericht für 4 Personen | Zeit 2 Stunden 30 Minuten
+ Tiefkühlzeit 40 Minuten

GEFÜLLTE KALBSBRUST MIT SPARGEL, KAROTTEN & GNOCCHI

Die beiden Hackfleischsorten in eine Schüssel geben und abgedeckt 30 Minuten in die Gefriertruhe stellen. Angefroren mixen und nochmals 10 Minuten tiefkühlen. Sahne hinzugeben und zu einer glatten **Farce** pürieren. Abschmecken.

Für das **Kalbsbries** die Zwiebel schälen und mit dem Lorbeerblatt, der Nelke und dem Bries in einen Topf mit heißem Wasser geben. Kurz aufkochen und 40 Minuten auf kleiner Stufe ziehen lassen. Bries herausnehmen und abkühlen lassen. Die äußere Haut abziehen – das geht am besten, wenn das Bries noch warm ist.

Die **Kalbsbrust** von beiden Seiten plattieren und salzen. Mit der Farce bestreichen, dabei etwas Farce zurückbehalten. Das Bries in die Mitte der eingestrichenen Kalbsbrust legen, den Rest Farce darum herum verteilen. Die Kalbsbrust von der langen Seite her aufrollen und mit Zahnstochern und einem Bindfaden fixieren. Auf einem Rost mit einem Blech darunter in den auf 140 Grad vorgeheizten Ofen schieben. Nach etwa 1 Stunde die Temperatur auf 180 Grad erhöhen und die Brust noch etwa 10–15 Minuten garen, bis sie knusprig ist.

Weißen **Spargel** schälen und 15–20 Minuten mit Salz, Zucker und Zitronenspalte in Wasser kochen. Vom grünen Spargel nur die holzigen Enden abschneiden und etwa 6–8 Minuten kochen. In grobe Stücke schneiden. **Karotten** schälen, der Länge nach vierteln. Mit Butter, Salz, Zucker und Pfeffer mischen und auf einem Blech die letzten 10–15 Minuten bei 180 Grad zur Brust in den Ofen geben.

Für die **Sauce** Zwiebeln, Karotte und Sellerie schälen und in feine Würfel schneiden. Kräftig in einer Pfanne anbraten. Tomatenmark dazugeben und mitrösten. Mit einem Schuss Rotwein ablöschen und einkochen. Mit Brühe auffüllen, Gewürze dazugeben und ziehen lassen. Die Flüssigkeit, die sich auf dem Blech unter der Kalbsbrust gesammelt hat, hinzufügen. Mit Speisestärke abbinden.

Die Kartoffeln zu Mus pressen. Je 1 Prise Salz, Pfeffer und Muskat dazugeben und mit Eigelben und Mehl zu einem glatten Teig kneten. Diesen zu langen Rollen formen und mit einem Messer schräg in Rauten schneiden. Die **Gnocchi** in Salzwasser kochen, bis sie an der Oberfläche schwimmen.

Kurz bevor die Kalbsbrust fertig ist, Gnocchi und Spargel in getrennten Pfannen anbraten. Den Spargel abschmecken. Alle Beilagen mit der Sauce in einer Pfanne anrichten. Die Kalbsbrust in der Mitte platzieren und am Tisch aufschneiden.

FARCE
200 g Kalbshackfleisch
200 g Schweinehackfleisch
300 g Sahne
Salz, Pfeffer, Muskat

KALBSBRUST UND -BRIES
½ Zwiebel
1 Lorbeerblatt
1 Nelke
250 g Kalbsbries

1 kg Kalbsbrust

SPARGEL UND KAROTTEN
2 Bund Spargel, weiß und/oder grün
etwas Zucker
1 Zitronenspalte
4 Karotten
etwas Butter, flüssig

SAUCE
2 Zwiebeln
½ Karotte
¼ Sellerie
½ EL Tomatenmark
etwas Rotwein
500 ml Brühe
Lorbeerblätter
Pfefferkörner
etwas Speisestärke

GNOCCHI
500 g Kartoffeln, mehlige, gekocht & geschält
Muskat
5 Eigelb
150 g Mehl

Rezept von Alexander Maier
Gericht für 4 Personen | Zeit 2 Stunden und 30 Minuten

TODTMOOSER RINDSROULADE MIT GEMÜSE & SERVIETTENKNÖDELN

Für das **Schmorgemüse** die Karotten, den Sellerie und die Pastinake oder Petersilienwurzel waschen, schälen und in 1 mal 1 cm große Würfel schneiden. Die Schalen aufbewahren.

Für die **Rindsrouladen** das Fleisch grob parieren, also Sehnen, Fett und Silberhaut entfernen. Mit Salz, Pfeffer, etwas Piment und Majoran würzen. Zwiebel und Karotte schälen und in feine Streifen schneiden. Die Rinderscheiben mit je 1 TL Senf, etwas Zwiebel und Karotte, einer halben Essiggurke sowie einer Scheibe Speck belegen. Dann jede Rouladenscheibe eng aufrollen und mit einer Nadel oder einer Schnur befestigen.

Scharf in einem Topf von allen Seiten anbraten. Herausnehmen, die Gemüseschalen hineingeben und das Tomatenmark sowie den Speck hinzufügen. Warten, bis sich am Topfboden ein brauner Satz bildet, und diesen dann nach der Zugabe eines großzügigen Schlucks guten Rotweins abkratzen. Noch einmal wiederholen, sodass der Satz am Topfboden komplett in Rotwein aufgelöst ist. Die fertige Grundsauce (falls vorhanden) oder alternativ Wasser hinzugeben. Die Rindsrouladen hineinlegen und etwa 90 Minuten köcheln lassen, bis das Fleisch weich ist.

In der Zwischenzeit die **Serviettenknödel** zubereiten. Dafür das Brot in 2 mal 2 cm große Würfel schneiden. Die warme Milch über das Brot gießen und 10 Minuten quellen lassen. Eier, Salz, Pfeffer und Muskatnuss hinzugeben. Das Ganze vermengen, jedoch nicht zu stark kneten, da ansonsten die Luftigkeit verloren geht. Die Masse in 2 Stoffservietten zu etwa 5 cm starken Würsten wickeln. Gut verschließen und in leicht siedendem Wasser 25 Minuten garen. Auskühlen lassen und in etwa 0,5 cm dicke Scheiben schneiden. Bei 170 Grad knusprig frittieren.

Die Rindsrouladen aus dem Topf nehmen. Die Sauce durch ein Sieb passieren und vor dem Anrichten mit Mehl oder Speisestärke eindicken. Das Schmorgemüse in einem Wassertopf in etwa 20 Minuten weich kochen.

Die Rindsrouladen zusammen mit dem Schmorgemüse und der Sauce anrichten. Mit den Serviettenknödeln servieren.

SCHMORGEMÜSE

2	Karotten
1	Sellerie
1	Pastinake oder Petersilienwurzel

RINDSROULADE

6	Scheiben Rinderoberschale
etwas	Salz, Pfeffer, Piment, Majoran
1	Zwiebel
½	Karotte
6 TL	Senf
3	Essiggurken
6	Speckscheiben
1 TL	Tomatenmark
50 g	Speck
	Rotwein
1500 ml	Grundsauce (optional)
etwas	Mehl oder Speisestärke

SERVIETTENKNÖDEL

500 g	Brot vom Vortag
100 ml	warme Milch
2	Eier
	Salz, Pfeffer
	Muskatnuss

Vom Genießen und Glücklichsein

Auf dem Haslachhof leben die Hinterwälder-Rinder ein glückliches Leben – so glücklich, dass sie schon zu gefeierten Models avancierten. Das schmeckt man am Ende auch auf dem Teller. Und auch Vegetarier und Veganer werden hier in Löffingen fündig …

Wie vier überdimensionale weiß-grüne Pilze ragen die Fermentier-Behälter der Biogasanlage aus der Landschaft. Auf dem Haslachhof entsteht aus Klee, Grünroggen, Rindermist und Mais eine ansehnliche Portion Strom und Wärme – und der organische Dünger für den gesamten Hof. Aber das ist nur eine Geschichte auf diesem vielseitigen Bioland-Hof in Löffingen …

Der Haslachhof gehört Familie Wiggert, die 500 Hektar Land ökologisch bewirtschaftet, genau in der Mitte zwischen Wutachschlucht und Titisee-Neustadt. Hinter riesigen Heuballen parken wir und blicken auch schon direkt in die neugierigen Gesichter von ein paar Kühen. Sie liegen und stehen entspannt auf ihrer Sonnenterrasse, die dem Stall vorgelagert ist. Keines der Tiere ist angebunden. Der Duft nach Heu und Kräutern erfüllt die Luft. Was für ein Idyll! Willkommen auf dem Haslachhof!

Es gibt vieles, was diesen Ort besonders macht. Zuallererst sind da natürlich die rund 100 großen und kleinen Hinterwälder-Rinder, die so gesund und glücklich sind, dass Schwarzwald-Fotograf Sebastian Wehrle – ja genau, der mit den Trachtenbildern – sie einst als blumengeschmückte Models zu beliebten Kalendern und Postkartenmotiven verarbeitet hat. Das Hinterwälder-Rind, das sich aus dem Keltenrind entwickelt haben soll, ist die kleinste Rinderrasse Mitteleuropas und wird daher von manchen auch Bonsai-Rind genannt. Sein heutiges Herkunftsgebiet ist der Südschwarzwald. Die Tiere sind an die steilen, höheren Lagen rund um den Feldberg, den Belchen bis hin zum Titisee angepasst, wo die Vegetation mitunter karg ist. Aber das passt so für die genügsamen Tiere. Auch auf dem Haslachhof erhalten die Rinder eine artgerechte Ernährung: Sie fressen ausschließlich blüten- und kräuterreiches Heu von den umliegenden Naturschutzwiesen. Slowfood für das Slowfood, sozusagen.

Kraftfutter erhalten die Rinder auf dem Haslachhof indes nicht, sie dürfen in ihrem natürlichen Tempo gedeihen. „Das Fleisch der Hinterwälder ist von Natur aus sehr zart und feinfaserig,

Glückliches Hofleben: Die Hausherren Eva und Wolfram Wiggert auf ihrem Haslachhof in Löffingen

Veggie-Sortiment: Auf dem Hof gibt es nicht nur bestes Fleisch von glücklichen Rindern, sondern auch alte, schmackhafte Getreidesorten wie Emmer oder Quinoa (rechts)

aber durch viel freie Bewegung und das relativ langsame Wachstum schmeckt es noch besser, und das Fleisch schnurrt auch nie zusammen, wenn man es anbrät", erklärt uns Wolfram Wiggert, der den Hof zusammen mit seiner Frau Eva bewirtschaftet.

Dass der Tierarzt so gut wie nie auf dem Haslachhof zu sehen ist, hat aber neben der gesunden Ernährung und der robusten Rasse laut Wolfram noch einen anderen Grund: „Bei uns ist's so: Wir passen den Stall an das Tier an und nicht umgekehrt." Heißt: Die großzügigen Ställe übertreffen sogar die strengen Ökorichtlinien und bieten den Tieren ein Drittel mehr Platz als vorgeschrieben. Kalbende Kühe wie Lilly erhalten zudem eine komfortable Abkalbbucht, in der sie alleine sein können und sich entspannt auf die Geburt vorbereiten können – die meist nachts ohne Hilfe von Landwirt oder Tierarzt geschieht. Übrigens: Auch in den Fortpflanzungsvorgang wird auf dem Haslachhof nicht eingegriffen. Der Boss der Rinderherde ist Ferdinand, der Stier. Er beglückt fleißig alle geschlechtsreifen Kühe. Eine Lieblingskuh hat er nicht, er liebt sie alle. So sehr, dass er sich am ersten Tag beim Tête-à-Tête

mit zwei Färsen gleich ein Bein brach. Wolfram Wiggert: „Normalerweise wird so ein Stier geschlachtet, wir haben ihm einen Gips angelegt, und tatsächlich war er nach acht Wochen wieder ganz der Alte."
Nach einem glücklichen Leben mit kuhgebundener Kälberaufzucht werden die Hinterwälder-Rinder geschlachtet. Ihr mageres, aromatisches Fleisch, aber auch die Wurstwaren sind bei Kennern und Gourmets in der Region heiß begehrt. Man kann es übrigens nicht nur im kleinen Hofladen in Löffingen kaufen, man bekommt es auch exklusiv bei Johannes Dünnebacke im Hotel Schlehdorn am Feldberg serviert.

Bio hin oder her – Vegetarier und Veganer ersetzen Fleisch ja durch andere Proteinquellen. Und auch hier hat der Haslachhof viel zu bieten. Im Sortiment kann man zwar keinen klassischen Weizen finden, dafür aber lauter alte Getreidesorten mit Superkräften aus eigenem Anbau. Beispielsweise experimentiert Familie Wiggert mit alten Weizensorten wie Emmer, der bereits vor 10 000 Jahren im Nahen Osten angebaut wurde, und mit dem Urweizen Kamut, der höchstwahrscheinlich aus Ägypten stammt. Eva Wiggert schwärmt wegen seines fein-aromatischen, leicht nussigen Geschmacks für das Einkorn, backt daraus leckere Waffeln und Pfannkuchen. Das Einkornmehl eigne sich aber auch für Spätzle oder Flocken, erzählt sie. Tatsächlich enthält Einkorn nicht nur doppelt so viele Mineralstoffe wie Weizen, sondern auch mehr Vitamin E und cholesterinsenkende Stoffe. Der Farbstoff Lutein, der dem Mehl die goldgelbe Farbe verleiht, soll sogar die Sehkraft im Alter unterstützen. Für diese Gesundheitsvorteile muss man allerdings das ganze Korn genießen. Am besten in Form von Vollkornbrot in Kastenform, weil der Teig zum Verlaufen neigt. Lecker!

Noch sind solche Getreidesorten Nischenprodukte, aber bei einigen Naturpark-Wirten stehen sie bereits hoch im Kurs. Und selbst Eva Wiggert entdeckt gerade wieder ganz neue Möglichkeiten mit ihrer Quinoa, serviert sie als Bratling mit Sauerrahm oder als Salat. Quinoa ist, genau wie Buchweizen, glutenfrei, da sie kein Getreide ist. Ihr Verzehr macht lange satt und soll für eine schlanke Linie sorgen – und in gewisser Weise damit auch glücklich machen.
Glück auf Tellern – auch darum geht es eben auf dem Haslachhof. „Im Einklang mit dem Kreislauf der Natur", ergänzt Wolfram. „Schließlich gehören Genuss, Nachhaltigkeit und Glück ja ohnehin auch irgendwie zusammen..."

„Bei uns ist's so:
Wir passen den Stall
an das Tier an
und nicht umgekehrt."

Wolfram Wiggert, Haslachhof

Fisch wie Fleisch

Im Tal der Mühlen kocht ***Lorenz Baschnagel*** *in der Tannenmühle für Feriengäste und Alteingesessene. Inzwischen sogar in zwei Häusern ...*

Hätte es in den 1950er-Jahren Tinder gegeben, vielleicht würden dann heute keine köstlichen Dörrobst-Ravioli auf dem Tisch des Gastraums in der Tannenmühle stehen. „Damals hat unsere Oma Hildegard eben einfach ihren Nachbarn gedatet", scherzt Lorenz. Die Familiengeschichte der Baschnagels beginnt nämlich mit der Nachbarschaftsliebelei zwischen Hildegard und Fritz im Tal der Mühlen. Fritz aus der Tannenmühle, holte seine Hildegard nach der Heirat ins Haus. Die Schlüchtmühle, ihr Familienheim, fand andere Besitzer. Das Ehepaar stellte die ersten Gasttische in der Tannenmühle auf und legte damit den Grundstein für die Sinnesfreuden, die heute Enkel Lorenz in Grafenhausen auftischt.

„Damals hat unsere Oma Hildegard eben einfach ihren Nachbarn gedatet."

Lorenz Baschnagel

An dieser Stelle aber erst mal genug der Ahnenkunde. Lorenz Baschnagel, im Hier und Heute, ist nun in der dritten Generation der Herr der Küchen im Familienbetrieb. Und auf Lorenz' Speisekarten stehen nicht nur Klassiker, die auch den Großeltern schmecken würden, sondern auch moderne Gerichte mit überraschendem Twist. Das klare Alleinstellungsmerkmal hier bleibt aber ein frischer, Flossen tragender Schwarzwaldliebling: die Forelle.

Egal ob altbekannt (blau oder Müllerin) oder im modernen Gewand (orientalisch mit Reis und gebackener Banane), sie kommt besonders geschmacksintensiv und extrafrisch daher. Um die Aufzuchtbecken zu sehen, müssen Gäste nämlich nur einen Blick aus dem Fenster werfen. Da tummeln sich die begräteten Schuppentiere glücklich, wie Fische im Wasser eben. Und landen quasi di-

Das Mühlrad der Tannenmühle dreht sich noch. Natürlich gibt es nicht nur Forelle in der Tannenmühle, auch das Hirsch-Zweierlei mit in Kakao gewälzten Quarkknödeln, das Lorenz gerade zubereitet (Bild links), wird gerne gegessen

rekt aus dem Becken in der Pfanne. „Geiler geht es nicht", zeigt sich Lorenz begeistert.

Der Koch ist überzeugt von dem, was seine Familie aufgebaut hat. Seine Zeit abseits des Schwarzwaldes hat er zwar auch genossen, in Stationen in (Sterne-)Küchen in Wolfsburg, Freiburg und England. Trotzdem war für ihn immer klar, dass er wieder zurückkehren würde. Auch wegen der Idylle. „Einmal kam ich aus London zurück und war von der Stille geschockt. In der Großstadt ist alles immer hektisch und busy. Hier entschleunigt man einfach völlig."
So erzählt er auch von seiner Kindheit. Als entschleunigt und harmonisch erinnert sich Lorenz an das Aufwachsen im Tal der Mühlen. Sein Lieblingsplatz als Kind? Definitiv der große Spielplatz hinterm Haus. Der war damals schon da und hat nicht nur ihn begeistert. „Meine Schulfreunde wollten immer zu mir zum Spielen kommen. Das ist bei meinen Kindern heute genauso."

Das nächste Kapitel für die Baschnagel'sche Chronik: Die Schlüchtmühle ist seit 2006 wieder in Familienbesitz, wurde aufwendig renoviert und gerade wieder eröffnet. Das Haus, in dem Oma Hildegard ihre Kindheit verbracht hatte, ist nun zu einem Ferienort für Gäste mit Kindern geworden, inklusive Wasserwelt und Streichelzoo. „Hier haben wir viele junge Familien, die kulinarisch experimentierfreudig sind, während die Stammgäste in der Tannenmühle die Klassiker schätzen." Und wie kocht Lorenz kindgerecht Forelle? Er schmunzelt: „Die Kleinen freuen sich dann doch eher übers Kinderbuffet mit Spaghetti Bolognese." Aber das komme schon noch ...

WILD

Wildschweine, Hirsche, Rehe und Hasen: Der Hochschwarzwald beheimatet zahlreiche Wildtierarten – klar, dass da Wildgerichte, oft aus eigener Jagd, in den Restaurants einen festen Platz auf der Karte haben. Auf den folgenden Seiten verraten unsere Köche geniale Rezepte für Haxen, Nüsschen, Filets und vieles mehr – sogar für Ravioli!

Rezept von Lorenz Baschnagel
Gericht für 4 Personen | Zeit 2 Stunden 30 Minuten
+ Ziehzeit 2–3 Tage + Gefrierzeit 3 Stunden

ZWEIERLEI VOM HIRSCH MIT QUARKKNÖDELN

Die Hirschkeule von Sehnen befreien und in etwa 1,5 cm große Stücke schneiden. Zwiebel, Knollensellerie und Karotte schälen und grob klein schneiden. Fleisch und Gemüse mit Rotwein in eine Schüssel geben. Lorbeerblätter, Wacholderbeeren, Zimtstange und Sternanis in ein Stoffsäckchen geben und hinzufügen. Alles etwa 2–3 Tage ziehen lassen. Durch ein Sieb abseihen, Rotwein aufkochen und den Schaum abschöpfen.

Das Fleisch in einem Bräter scharf anbraten und herausnehmen. Gemüse hineingeben und anbraten, Tomatenmark hinzugeben und mitrösten. Fleisch wieder in den Bräter geben und mit dem Rotwein ablöschen. Mit Wildfond aufgießen, Gewürzsäckchen dazugeben und alles etwa 1 Stunde abgedeckt schmoren lassen. Eventuell noch etwas Fond hinzugeben. Fleisch, Gemüse und Gewürzsäckchen aus der Sauce nehmen, Gemüse entsorgen. Sauce weiter einkochen und um ein Drittel reduzieren. Mit Preiselbeeren, etwas Kakaopulver, Salz und Pfeffer abschmecken und mit etwas Speisestärke abbinden, sodass sie schön sämig ist. Einen Teil der Sauce aufheben, den Rest zum Fleisch geben. Solange das Ragout noch heiß ist, die eingeweichte Gelatine unterrühren. Ragout in eine folierte Form geben, leicht anpressen und auskühlen lassen. In Würfel schneiden und einfrieren. Die **Hirschragout-Pralinen** gefroren in Mehl, Eiern und Semmelbröseln panieren und goldgelb ausbacken. Im vorgeheizten Ofen bei 140 Grad in etwa 10 Minuten fertig garen.

Den **Hirschrücken** scharf anbraten und würzen. Im vorgeheizten Ofen bei 140 Grad 5 Minuten medium garen. Butter in einer Pfanne zerlassen, Wacholderbeeren und Kräuter zugeben und Hirschrücken darin noch einmal kurz aromatisieren.

Für die **Quarkknödel** Butter in einer Pfanne zerlassen und die gemahlenen Nüsse anschwitzen. Semmelbrösel dazugeben und leicht anrösten. Hitze reduzieren und Kakao, Kreuzkümmel und Kräuter noch kurz mitrösten. Beiseitestellen. Quark mit 2 Eiern und 1 Eigelb verrühren. Eiweiß mit etwas Salz aufschlagen und unterheben. Gesiebtes Mehl und Zitronenabrieb unterheben. Mit Salz, Pfeffer und Muskat abschmecken. Zu Rollen formen und etwa 13 Minuten in siedendem Wasser pochieren. In Butter anbraten und mit den Kakao-Kräuter-Bröseln ummanteln.

Hirschrücken in Scheiben schneiden und mit der Praline und den Knödeln anrichten. Mit der restlichen Wildfond-Sauce servieren. Dazu passen Pastinaken.

HIRSCHRAGOUT-PRALINEN

500 g	Hirschkeule
1	Zwiebel
50 g	Knollensellerie
1	Karotte
200 ml	Rotwein
2	Lorbeerblätter
1 TL	Wacholderbeeren
1	Zimtstange
1	Sternanis
½ EL	Tomatenmark
175 ml	Wildfond
2 EL	Preiselbeeren
etwas	Kakaopulver
etwas	Speisestärke
1 Blatt	Gelatine
50 g	Mehl
2	Eier, verquirlt
50 g	Semmelbrösel

HIRSCHRÜCKEN

500 g	Hirschrücken
etwas	Salz, Pfeffer
25 g	Butter
1 TL	Wacholderbeeren
1 Zweig	Rosmarin & Thymian

QUARKKNÖDEL

75 g	Butter
60 g	Nüsse, gemahlen
200 g	Semmelbrösel
30 g	Kakao
etwas	Kreuzkümmel, Rosmarin & Thymian
800 g	Quark
3	Eier
etwas	Salz
100 g	Mehl
1	Zitrone, Abrieb
etwas	Pfeffer & Muskat

Rezept von Alexander Maier
Gericht für 4 Personen | Zeit 60 Minuten

WILDRAVIOLI MIT PREISELBEEREN UND KARAMELLISIERTEM KLEE

Wieder mal beginnt ein Rezept mitten auf der Wiese! Hier kann man bis in den Herbst hinein violette und weiße **Kleeblüten** finden. Davon 150 g sammeln und waschen. In eine Pfanne mit Zucker geben und mit etwas Butter und Weißwein ablöschen. Aufpassen, dass es keine Karamellklümpchen gibt!

Für die Wildravioli zunächst das **Reh- und Putenfleisch** in Stücke schneiden, dann in einer vorgekühlten Moulinette oder mit einem Mixer fein zerkleinern. Einen Löffel Preiselbeermarmelade, Salz, Pfeffer und etwas Wacholder dazugeben. Weitermixen und vorsichtig, aber zügig die gut gekühlte Sahne zur Mischung geben. Das richtige Tempo ist hier entscheidend: Braucht man zu lange, wird die Masse warm und die Zutaten scheiden sich voneinander ab. Dasselbe passiert mit der Farce, wenn zu schnell zu viel Sahne hinzugefügt wird. Kühl stellen.

Für den **Nudelteig** die Zutaten einfach in einer Küchenmaschine vermengen. Eventuell mit etwas Wasser oder Mehl die Konsistenz anpassen. Der Teig sollte fest und etwas dehnbar sein. Als Tipp: Ein Tropfen Olivenöl macht den Teig geschmeidiger.

Die Hälfte des Teiges dünn ausrollen und mit einem Dressiersack die gut durchgekühlte Füllung in einzelnen Tupfen à 20 g auf die Teigfläche spritzen. Anschließend eine weitere Teigfläche gleicher Größe ausrollen, die untere mit etwas Wasser bestreichen und die andere darauflegen. Obere Teigplatte andrücken und (wichtig!) überschüssige Luft herausdrücken. Aus dem so entstandenen Teigling gleich große Ravioli in beliebiger Form ausstechen oder ausschneiden.

Die Ravioli 5 Minuten in Salzwasser kochen und anschließend in einer Pfanne mit erwärmter Butter und Salbei durchschwenken.

Die **Preiselbeer-Coulis** ist ein Fix-und-easy-Rezept: die Preiselbeermarmelade mit Brühe und Rotwein mixen, so dass eine sirupartige Konsistenz entsteht.

Die Ravioli in einen vorgewärmten, tiefen Teller geben, mit Kleeblüten und der Coulis dekorieren.

KLEEBLÜTEN

150 g	Kleeblüten
30 g	Zucker
	Butter
	Weißwein

WILDRAVIOLI

400 g	Rehfleisch (Gulasch aus der Keule)
50 g	Putenfleisch
etwas	Preiselbeer-marmelade
	Salz
	Pfeffer
	Wacholder
150 ml	Sahne, gut gekühlt
	Butter zum Braten
etwas	Salbei

NUDELTEIG

300 g	Mehl, Type 405
100 g	Hartweizengrieß
5 g	Salz
4	Eier

PREISELBEER-COULIS

400 g	Preiselbeer-marmelade
100 ml	Brühe
100 ml	Rotwein

Rezept von Manuel Schwörer
Gericht für 4 Personen | Zeit 2 Stunden

REHNÜSSCHEN MIT PORT-SCHALOTTEN UND KARTOFFEL-BAUMKUCHEN

Jetzt gibt's was auf die Nuss! Nämlich ein paar lecker Portwein-getränkte Schalotten. Es soll ja nicht wenige Wildliebhaber geben, die beim Reh das Nüsschen sogar dem edlen Rücken vorziehen. Das zarte und besonders magere Fleisch stammt aus der Keule und lässt sich sowohl wunderbar kurz braten als auch schmoren.

KARTOFFEL-BAUMKUCHEN

6	Kartoffeln, mittelgroß
	Salz, Muskatnuss
4	Eier

PORT-SCHALOTTEN

400 g	Schalotten oder rote Zwiebeln
2 EL	Öl zum Anbraten
200 ml	Portwein
	Salz, Pfeffer

REHNÜSSCHEN

4	Rehnüsschen, klein
	Salz, Pfeffer
2 EL	Öl zum Anbraten
etwas	Butter
50 g	Preiselbeerkompott
	Petersilie

Für den **Baumkuchen** die Kartoffeln schälen, in kleine Stücke schneiden und in etwa 25 Minuten gar kochen. Mit Salz und Muskatnuss würzen und zerstampfen. Eier unterrühren und einen Teil der Masse auf ein mit Backpapier belegtes Backblech etwa 5 mm dick aufstreichen. Den Backofen auf etwa 200 Grad in der Grillfunktion vorheizen und die Kartoffelmasse etwa 6–10 Minuten goldbraun backen. Aus dem Ofen nehmen, eine weitere, etwa 5 mm dicke Schicht Kartoffelmasse auf die gebackene Masse streichen und erneut etwa 6–10 Minuten backen. Den Vorgang 4- bis 5-mal wiederholen. Den Baumkuchen aus dem Ofen nehmen und abkühlen lassen.

Schalotten (oder rote Zwiebeln, mit Schalotten wird's aber noch feiner) schälen und in dünne Scheiben schneiden. In einem Topf in dem Öl kräftig anschwitzen und mit Portwein ablöschen. So lange köcheln lassen, bis der Portwein wegreduziert ist und eine geleeartige Sauce übrig bleibt. Mit Salz und Pfeffer abschmecken.

Den Backofen auf 80 Grad vorheizen. Das **Rehnüsschen** würzen, in Öl von allen Seiten kräftig anbraten und etwa 10 Minuten im Backofen ziehen lassen. In der Zeit den Kartoffelbaumkuchen portionieren (indem man ihn zum Beispiel mit einem Ausstecher oder Glas aussticht) und in einer Pfanne mit etwas Butter noch mal auf beiden Seiten goldbraun anbraten.

Beim **Anrichten** das Rehnüsschen diagonal in etwa 2 cm breite Scheiben schneiden. Sollte es noch zu blutig sein, einfach kurz in der Pfanne anbraten. Die Schalotten auf vorgewärmte Teller geben, das Rehnüsschen und den Kartoffelbaumkuchen danebensetzen und die Portweinsauce darüber verteilen. Mit einem Klecks Preiselbeerkompott und nach Belieben mit etwas frischer Petersilie garnieren.

Rezept von Volker Hupfer
Gericht für 4 Personen | Zeit 60 Minuten

ONE-POT-REHKEULE MIT WURZELGEMÜSE & WALDPILZEN

Alles aus dem Wald in einem Topf vereint: Eine herrlich zarte und knusprige Rehkeule trifft hier auf feine, erdige Pilze und würzigen Wildfond. Die Lichtung, auf der wir dieses Bild aufgenommen haben, hatten wir übrigens zufällig beim Foto-Shooting für ein anderes Gericht entdeckt – und wussten sofort, dass sie den idealen Hintergrund für diese Wald-Mahlzeit bietet!

ZUTATEN

1,5 kg	Rehkeule mit Knochen
etwas	Salz, Pfeffer
50 g	Butterschmalz
200 g	Zwiebeln
200 g	Möhren
1	Apfel
100 g	Pastinaken
400 g	Waldpilze
20 g	Tomatenmark
400 ml	Rotwein
1,2 l	Wildfond
1	Lorbeerblatt
6	Wacholderbeeren
2 EL	Preiselbeeren
1 EL	Butter

Für die **Rehkeule** den Knochen auslösen und dicke Sehnen entfernen. Mit Salz und Pfeffer würzen und in einem Bräter von allen Seiten scharf in Butterschmalz anbraten. Aus dem Bräter herausnehmen.

Zwiebeln, Möhren, Apfel und Pastinake schälen. Die Waldpilze putzen. Alles in mundgerechte Stücke schneiden, in den Bräter geben und anschwitzen lassen. Tomatenmark dazugeben und anrösten. Mit Rotwein ablöschen und den Wildfond hinzufügen. Die Rehkeule wieder in den Bräter geben und weitere 10 Minuten köcheln lassen.

Das Fleisch entnehmen und bei 120 Grad Umluft etwa 30 Minuten im Ofen rosa garen. Die Kerntemperatur sollte etwa 56 Grad betragen. In der Zwischenzeit den Fond abschütten, das Gemüse auffangen und beiseitestellen. Den Fond mit dem Lorbeerblatt und den Wacholderbeeren bei mittlerer Hitze bis zur gewünschten Konsistenz reduzieren lassen. Durch ein Sieb geben und mit Preiselbeeren verfeinern. Butter unterrühren und mit Salz und Pfeffer abschmecken.

Das Gemüse in tiefen Tellern anrichten, die Rehkeule daraufsetzen und den Fond darüber verteilen. Dazu passen übrigens wunderbar selbst gemachte Spätzle oder Klöße.

ROT SCHOPF
ZWICKELPILS
BRAU SCHOPF
BIERWERKSTATT

Rezept von Daniel Frech
Gericht für 2 Personen | Zeit 90 Minuten

GESCHMORTE WILDSCHWEINHAXEN MIT PETERSILIENWURZELPÜREE

Die **Wildschweinhaxen** würzen und in einer Pfanne in etwas Öl scharf anbraten. Das Gemüse dazugeben, anschwitzen, Tomatenmark zugeben und kurz mit anziehen lassen. Mit Rotwein ablöschen und einreduzieren. Die Preiselbeeren, den Wildfond und die Gewürze zugeben und alles 1–1,5 Stunden köcheln lassen. Die Haxen aus dem Sud nehmen, das Röstgemüse durch ein feines Sieb passieren. Die Sauce abschmecken und mit Butter und Stärke etwas abbinden.

Für das **Petersilienwurzelpüree** die Petersilienwurzel waschen, schälen und in kleine Würfel schneiden. In einem Topf in etwas Butter anschwitzen und bei kleiner Flamme weich dünsten. Kurz bevor die Petersilienwurzel weich ist, die Sahne dazugeben und alles etwas einkochen lassen. Fein pürieren und mit Salz und Pfeffer abschmecken.

Für das **Ofengemüse** die Petersilienwurzel schälen und der Länge nach vierteln. Den Kürbis ebenfalls schälen und in etwa 1 cm dicke Streifen schneiden. Das Gemüse jeweils mit Öl, Salz und Pfeffer marinieren, beim Kürbis zusätzlich noch etwas Paprika dazugeben. Den Ofen auf 180 Grad vorheizen. Die Petersilienwurzel etwa 7 Minuten garen, dann den Kürbis hinzugeben und beides weitere 8 Minuten garen.

Das Ofengemüse auf großen, vorgewärmten Tellern anrichten. Die Wildschweinhaxen zerteilen und gemeinsam mit dem Petersilienwurzelpüree auf das Gemüse geben. Mit der Sauce anrichten und nach Belieben noch mit ein paar frischen Kräutern garnieren. Wer mag, kann sich dazu auch noch ein paar Pfifferlinge in die Pfanne hauen.

GESCHMORTE HAXE

400 g	Wildschweinhaxen
	Salz, Pfeffer
etwas	Öl
100 g	Karotten, gewürfelt
100 g	Sellerie, gewürfelt
100 g	Zwiebel, gewürfelt
100 g	Lauch, in Scheiben
1 EL	Tomatenmark
200 ml	Rotwein
100 g	Preiselbeeren
400 ml	Wildfond
	Salz, Pfefferkörner, Lorbeerblätter
etwas	Butter
etwas	Speisestärke

PETERSILIENWURZELPÜREE

300 g	Petersilienwurzel
etwas	Butter
150 ml	Sahne
	Salz, Pfeffer

OFENGEMÜSE

300 g	Petersilienwurzel
300 g	Kürbis
etwas	Öl, Salz, Pfeffer, Paprika edelsüß

Kräuter nach Wahl, Pfifferlinge nach Gusto

Rezept von Johannes Dünnebacke
Gericht für 4 Personen | Zeit 2 Stunden 30 Minuten

ROSA GEBRATENES HIRSCHNÜSSCHEN MIT KNÖDELN & PFIFFERLINGEN

Die zerkleinerten **Hirschknochen** in einem Topf anbraten, bis sie goldbraun sind. Karotte, Zwiebeln, Sellerie, Lauch und Schalotte waschen und ungeschält fein würfeln. Zu den Knochen geben und braten. Bei Bedarf mit etwas Wasser den Topfboden immer wieder ablöschen. Das Tomatenmark und den geschälten und klein geschnittenen Knoblauch mit in den Topf geben und kurz mitrösten. Den Rotwein und den Sauerkirschsaft dazugeben und einreduzieren. Mit der Gemüsebrühe auffüllen und gut 2 Stunden köcheln lassen. Durch ein Haarsieb in einen anderen Topf passieren und weiter einkochen lassen, bis eine Bindung entsteht. Mit wenig Salz abschmecken und die kalte Butter einmixen. Die frischen Kirschen darin aufkochen. Beiseitestellen.

Das **Hirschnüsschen** vorsichtig mit einem scharfen Messer von seinen Silberhäutchen befreien. Stark salzen und pfeffern, in einer Pfanne scharf anbraten. Das Fleisch im Ofen bei 80 Grad auf eine Kerntemperatur von 54 Grad bringen. Anschließend das Fleisch mit einem scharfen Messer gegen die Faser dünn aufschneiden.

Die Milch aufkochen, auf die Semmelbrösel geben und die Eier unterkneten. Den Schnittlauch waschen, fein schneiden und ebenfalls unter die Masse kneten. Mit Salz, Pfeffer und Muskat abschmecken. In einem Topf reichlich gesalzenes Wasser zum Kochen bringen. Die **Knödel** mit einem Eisportionierer in das siedende Wasser geben und 20 Minuten ziehen lassen.

In der Zwischenzeit die **Pfifferlinge** putzen, waschen und in einer Pfanne scharf anbraten. Mit Salz und Pfeffer abschmecken, mit Pernod ablöschen und den Salbei unterheben.

Die Knödel direkt aus dem Wasser mit dem Hirschnüsschen, der eingedickten Brühe und den Pfifferlingen servieren und nach Belieben mit einigen frischen Kirschen und einem Rosmarinzweig dekorieren.

HIRSCHKNOCHENBRÜHE

500 g	Hirschknochen
1	Karotte
1	Zwiebel
1	Sellerie
1	Lauch
1	Schalotte
1 EL	Tomatenmark
1	Knoblauchzehe
100 ml	Rotwein
100 ml	Sauerkirschsaft
500 ml	Gemüsebrühe
etwas	Salz
50 g	kalte Butter
100 g	Sauerkirschen, entsteint

HIRSCHNÜSSCHEN

800 g	Hirschnuss (kleine Nuss aus der Keule, von Sehnen befreit)
etwas	Salz, Pfeffer

KNÖDEL

150 ml	Milch
300 g	Semmelbrösel
3	Eier
½ Bund	Schnittlauch
etwas	Salz, Pfeffer, Muskat

PFIFFERLINGE

400 g	frische Pfifferlinge
etwas	Öl zum Braten
etwas	Salz, Pfeffer
1 Glas	Pernod
1 EL	Salbei, gehackt

Rosmarinzweig und frische Kirschen zum Garnieren

Vom Spitzbub zum Spitzenkoch

*Zu Schulzeiten wurde **Johannes Dünnebacke** Lernunlust diagnostiziert, heute ist er Geschäftsführer in dritter Generation vom Hotel Schlehdorn in Feldberg-Altglashütten*

Je wurzliger der Waldboden unter den Rädern von Johannes Dünnebackes Geländewagen wird, desto schneller fühlt sich der wilde Ritt an. Über Stock und Stein brettert der Jungwirt und Geschäftsführer vom Hotel Schlehdorn durch den Wald – auf der Suche nach dem Perfect Spot für sein Landhuhn mit Apfel-Spinat-Süppchen. „Alttttter", ruft Fotograf Dimitri mit holpriger Stimme vom Beifahrersitz. Die Wege werden immer schmaler, die Wurzeln immer dicker. Aber Johannes steuert seinen Fiat Fullback mit souveräner Leichtigkeit und einem verschmitzten Lächeln auf den Lippen immer tiefer in den Wald.

Johannes ist mutig. Nicht nur, weil er mit Vollgas durch den Wald düst. Der junge Mann aus Altglashütten scheut sich nicht davor, neue Wege zu gehen. Seit 2017 ist das Hotel Schlehdorn sein Revier. An der Seite von Bruder Felix und dessen Frau Beatrice hat er seither eine neue Ferienanlage gebaut – inklusive Rooftop-Infinity-Pool. In der Köhlerei, einem

Alles für den Perfect Shot: Nach der wilden Tour richtet Johannes (unten, links) zusammen mit Schlehdorns Küchenchef Fabian Ganter (rechts) das Essen an. Wie gut, dass sein Auto so eine praktische Ladefläche hat.

Im Restaurant Schlehdorns Stuben (rechts) trifft rustikales Schwarzwaldfeeling mit Kachelofen und Holztischen auf eine moderne Speisekarte. Auf den Teller kommt, was in den Gärten der Region wächst

weiteren Restaurant der Brüder, werden Speisen von einem Roboter serviert. Aktuell bauen die beiden ein Mitarbeiterhaus mit Fitnessstudio. „Ich bin kein Freund davon, an alten Dingen festzuhängen. Ich mag einfach die Veränderung", so Johannes.

Der Mut, Neues zu wagen, gehört zur Familiengeschichte der Dünnebackes. Opa Peter kam 1967 der Liebe wegen aus dem Sauerland in den Schwarzwald, hat sechs Fremdenzimmer mit Etagendusche aus dem Boden gestampft. Die Eltern Martin und Susanne haben die kleine Pension in ein Vier-Sterne-Hotel mit Suiten, Wellnessbereich und Restaurant verwandelt. Nur der Name ist gleichgeblieben: „Schlehdorn kommt von meinem Opa aus dem Sauerland und ist überhaupt nicht typisch Schwarzwald, aber er ist unverwechselbar und hat eine gewisse Tradition", erzählt Johannes. „Total gut, oder?"

Auch Traditionsbewusstsein hat Johannes. Im Restaurant zieren karierte Kissen die Ofenbank des dunkelgrünen Kachelofens. An den Holzwänden: Kuckucksuhren, wohin das Auge reicht. Auf den Tisch kommen vor allem regionale und saisonale Besonderheiten. „Ich schaue darauf, dass meine Erzeuger und Lieferanten aus der Region kommen und ich mit ihnen auf Augenhöhe bin", so Johannes. Man merkt ihm an: Er ist heimatverbunden. Aufgewachsen, wo andere Urlaub machen. Ein absoluter Schwarzwaldbub. „Wir haben früher mit den Kindern der Hotelgäste auf dem Kuhberg hinterm Hotel getobt und Clubs gegründet. Meine drei Geschwister und ich hatten wirklich eine unbeschwerte Kindheit."

Johannes Dünnebacke hat ein ungewöhnliches Erfolgsrezept. Viel Fleiß – und mindestens genauso viel Faulheit – hat ihm den Weg

zum Nachfolger geebnet. Klingt widersprüchlich, aber für Johannes war es der Schlüssel zum Erfolg: „Ich war ein sehr schlechter Schüler. Mir wurde damals sogar Lernunlust diagnostiziert", erzählt er lachend. „Keiner hätte je gedacht, dass ich einen Schulabschluss schaffen würde." Geschafft hat er die Realschule dann doch irgendwie. Die einfachste aller Optionen (und im Nachhinein auch die beste) war deshalb: eine Ausbildung zum Koch zu machen, so wie einst die Eltern. Erst nach vielen Jahren und diversen Stationen in den Sterneküchen von Hamburg, Basel und Berlin hat es bei ihm Klick gemacht: Fachabitur nachgeholt, den Betriebswirt und den Meister gemacht. „Ich habe in meinem Leben den Fokus verändert und erkannt, wie sinnvoll es ist, sich weiterzubilden."

Jahrhundertelang wurde in diesem Wald am idyllischen Windgfällweiher Holzkohle hergestellt – heute erinnert nur noch der Name des am Ufer gelegenen Hotels an das alte Köhlerhandwerk. Johannes Dünnebacke leitet die **Köhlerei am See** zusammen mit seinem Bruder und dessen Frau – und serviert dort beste badische Küche mit traumhaftem Blick

RO
LEN

haus-Bräu
ZUM WOHLE
KHF

Von der hohen Kunst des Brauens

Rothaus ist Deutschlands höchstgelegene Brauerei – und tatsächlich spielen der Hochschwarzwald und seine Höhe für die Bierbrauer aus Grafenhausen eine wichtige Rolle. Und das nicht nur aus technischer Sicht ...

Hoch oben, auf dem Dach des Brauereigebäudes, lässt sich die Quelle des guten Geschmacks nur erahnen. „Da hinten in den Wäldern liegt sie", sagt Ralf Krieger und zeigt in Richtung Wald, aus dem an diesem Morgen vereinzelt Nebelschwaden aufsteigen. Von dort kommt also das Wasser, die wichtigste Zutat eines jeden Bieres, mit dem bei Rothaus gebraut wird. „Hier, auf knapp 1000 Metern, ist das mehr oder weniger Regenwasser, das in wenigen, harten Gesteinsschichten gewaschen und dann direkt in die Brauerei gepumpt wird", erklärt der erste Rothaus-Braumeister. So sei es besonders weich und arm an unerwünschten Mineralien wie Kalk & Co. Und das reicht schon für gutes Bier? „Nicht ganz", sagt der Hausherr, schmunzelt und nimmt uns mit auf eine kleine, spannende Brauereiführung.

Rothaus: Das ist nicht nur eine Brauerei – eine von noch drei verbliebenen Staatsbrauereien mit dem Land Baden-Württemberg als Besitzer, um genau zu sein –, sondern auch ein Ortsteil von Grafenhausen. Die Gemeinde liegt mit ihren saftigen Wiesen und Weiden sowie ihren dunklen, verwunschenen Tannenwäldern zwischen Schluchsee und den südlichsten Schwarzwald-Zipfeln. Rothaus ist eigentlich ein Ortsteil. Aber mehr als das große Brauereigelände gibt's hier nicht. Dafür ist hier rund ums Jahr trotzdem eine Menge los – und das nicht nur in der Produktion von Ralf Krieger. Besucher von nah und fern kommen in die GenussWelt, besuchen die heimelige Brauereigaststätte oder die interaktive Erlebnisausstellung, in der sie unter anderem auch erfahren, ob es diese Biergit wirklich gab, das berühmte Rothaus-Etiketten-Gesicht ...

Aus Tourismussicht liegt die Brauerei in Feldbergnähe ja auch perfekt. Aus Perspektive der Logistiker hingegen gibt es sicherlich bessere Standorte für eine Brauerei, deren berühmtes Tannenzäpfle

„Gutes Bier braucht seine Zeit, bis es perfekt ist. Aber dann sollte man es am besten auch gleich trinken."

Ralf Krieger, erster Braumeister bei Rothaus

inzwischen bundesweit getrunken wird. Eine Stunde zur Autobahn und im Winter viel Schnee: Das seien die Nachteile, zählt Ralf Krieger auf. „Dafür können wir hier mit der Natur arbeiten, dieses ganz spezielle Wasser nutzen und auch die besonderen Bedingungen." Die da wären? „Na, die Höhe! Durch den geringeren Luftdruck laufen einige Prozesse anders. Zum Beispiel kocht das Wasser hier schon bei niedrigeren Temperaturen", erklärt der Braumeister und wir lernen bei unserer Tour schnell, wie wichtig solche Details beim Brauen sein können.

Bierbrauen ist eben die Kunst im Kleinen. Durch das deutsche Reinheitsgebot sind die Mittel und Wege bei der Herstellung im Wesentlichen vorgegeben oder zumindest stark eingeschränkt. „Unsere Aufgabe ist es, aus dem Möglichen das Beste herauszuholen", erklärt der Braumeister seinen Job – und dann auch gleich die besondere Herausforderung bei Rothaus: Das Verfahren sei zwar althergebracht, eine der wichtigsten Zutaten dabei aber die Zeit. Und während in manchen deutschen Großbrauereien durch allerlei mögliche Hilfsmittel das Reifen auf ein Minimum verkürzt wurde, manchmal auf weniger als sieben Tage, lassen die Rothäuser die Dinge laufen. „Gutes Bier braucht eben fünf bis sechs Wochen, bis es fertig ist. Punkt", stellt Ralf Krieger klar. Danach müsse es auch möglichst schnell ausgeliefert und getrunken werden. „Besser wird's ab dem perfekten Zeitpunkt nicht mehr werden", so der Experte.

Wer mit der Natur arbeitet, muss sich auch um sie kümmern. Noch so eine Sache, die den Bierbrauern im Hochschwarzwald wichtig ist. Und so wird bereits seit vielen Jahren in nachhaltige Technologie investiert. Nach und nach werden alle Dächer mit Photovoltaikanlagen ausgestattet,

70 Prozent der gesamten Wärme kommen bereits aus der eigenen Holzhackschnitzelanlage. Das Ziel: Bis 2030 will man in Rothaus klimapositiv sein. „Wir sind uns bewusst, in welcher besonderen Region wir unser Bier herstellen dürfen", sagt unser Guide. Dadurch erwachse aber eben auch eine besondere Verantwortung.

Die Verbindung zur Region – sie gehört bei Rothaus seit jeher zur DNA. Genauso wie die Konzentration auf das Wesentliche. Acht verschiedene Biere werden hier gebraut, keine Sondereditionen oder Sonstiges. „Es dauert eben, bis man beim Bier zum perfekten Ergebnis kommt", sagt Ralf Krieger, während er mit dem zweiten Braumeister, Roland Gut, im Sudhaus die frische Charge probiert. Gebongt! Draußen hat es angefangen zu regnen. Für Nachschub für die nächste Runde wäre also schon mal gesorgt …

Ralf Krieger und Roland Gut testen die jüngste Charge (linke Seite, von links), ehe die Zäpfle-Kisten dann aus dem Hochschwarzwald auf die Reise gehen. Dass bei Rothaus ausschließlich Hopfen aus Baden-Württemberg zum Einsatz kommt, liegt eigentlich auf der Hand

Kreuz und Schwer

Er ist bekannt für selbst geräucherten Schinken, Kochkünste auf Spitzenniveau und seine aufgeweckte Art: ***Matthias Schwer*** *aus St. Märgen. 2023 übernimmt er das Gasthaus zum Kreuz seiner Eltern – und hat vieles vor …*

„Wenn mein Großvater wüsste, dass seine Räucherkammer immer noch in Gebrauch ist, würde er platzen vor Stolz", scherzt Matthias „Matze" Schwer. Der Jungwirt vom Gasthaus zum Kreuz in St. Märgen führt uns in den Dachstuhl des 1921 erbauten Schwarzwaldhauses. Wir folgen ihm über eine wackelige Treppe und lose Holzdielen in die Dunkelheit. Umrisse von alten Schränken und Gemälden lassen sich erahnen. Im hinteren Teil des Speichers befindet sich Matthias' Heiligtum im Haus: Opas Räucherkammer.

Eine Luke im Dach wirft einen kleinen Lichtstrahl in die kohlrabenschwarze Kammer. Darin wird einmal pro Jahr Schinken geräuchert, so wie es Matthias' Vorfahren schon vor 100 Jahren getan haben. „Mir ist es wichtig, dass diese Tradition nicht ausstirbt", sagt er stolz. Heute ist der Schinken, den es nur für Hotel- und Restaurantgäste gibt, das Markenzeichen des Gasthauses.

In Matthias' Brust schlagen zwei Herzen: Zum einen ist er ein traditionsverbundener Heimatliebhaber. Andererseits ein moderner Idealist. Der gelernte Koch geht neue Wege im Elternbetrieb, den er 2023 zusammen mit seiner Frau Doro übernimmt. Sein Steckenpferd: Vorspeisen und Desserts, die er schick und modern anrichtet. Außerdem interpretiert er Schwarzwaldklassiker gerne neu. Aus dem klassischen strammen Max wird geröstetes Brot mit pochiertem Ei und einem Schinkenschaum (natürlich vom eigenen Schinken). Quasi: strammer Max reloaded.

Inspiriert dazu wurde der 33-Jährige durch seine Erfahrungen in Sterneküchen. Kirchzarten, Freiburg, Samnaun in der Schweiz und Bergisch-Gladbach gehörten zu seinen Stationen. „Fachlich konnte ich da viel lernen, aber ich habe auch gemerkt: Ich will mein eigener Chef sein", so Matthias. Seit 2013 übernimmt er zu Hause nach

Das Gasthaus zum Kreuz (oben) befindet sich seit 1936 im Besitz der Familie Schwer. Matthias (rechts) wuchs mit seinen Geschwistern zwischen Kochtöpfen und Fritteusen auf – und freute sich, seine Eltern so immer bei sich zu haben

und nach das Zepter und steht neben seinem Vater und seiner 89-jährigen Oma am Herd. Was für viele ein Albtraum wäre, klappt bei Familie Schwer problemlos. Papa Bernhard hat seinem Sohn von Anfang an freie Hand gelassen. Bernhard ist laut Matthias die Ruhe in Person, ihn selbst erleben wir als Energiebündel. In der Küche ist er nicht zu stoppen, jeder fixe Handgriff sitzt. Selbst Töchterchen Amalia kann ihn nicht aus der Ruhe bringen. Die Einjährige sitzt vergnügt im Laufstall mitten in der Gastroküche. Mit einem Schneebesen in der einen und was zu snacken in der anderen Hand lauscht sie ihrem Papa.

Der erzählt uns gerade von seiner Kindheit: „In diesem Laufstall saß ich auch schon", erinnert er sich. Seine Eltern haben den Betrieb 1989 von

„Mir ist es wichtig, dass diese Tradition nicht ausstirbt."

Matthias Schwer über das Schinkenräuchern

den Großeltern übernommen. Für die vier Kinder bedeutete das: aufwachsen zwischen Kochtöpfen und Fritteusen. Matthias erinnert sich gerne an die Zeit zurück: „Es war total schön, die Eltern immer bei sich zu haben", erzählt er. Und obwohl ihm das Koch-Gen schon in die Wiege gelegt wurde: Druck, den Betrieb zu übernehmen, gab es nie.

Trotz aller Harmonie ist es auch im Familienbetrieb nicht immer einfach. Wie in jeder guten Küche geht's auch mal hitzig zu. Matthias ist dann aber kein Freund von Streit und Stress, sondern von ganz klaren Ansagen. Ein Überbleibsel aus seiner Zeit als Fußball-Schiedsrichter. Das macht ein gelbes Schild an der Küchentür deutlich: „Hoheitsgebiet Matthias: Alles hört auf mein Kommando."
Nur in einer Sache darf der Koch noch nicht so, wie er gerne würde: Die Hotelzimmer renovieren und die vielen Wandbilder des Gasthofs übermalen. Der Wellnessbereich und die Suite sind jedoch topmodern und genau nach Matthias' Geschmack – und diese Modernisierung soll fortgeführt werden. Schritt für Schritt.

VESPER

Diesen dicken Schinken würdet ihr auch gern mal probieren? Dann auf ins Gasthaus zum Kreuz nach St. Märgen – denn Jungwirt Matthias Schwer serviert ihn dort nur Hotel- und Restaurantgästen. In Form von Schinkenbrot mit Pfifferlingen etwa, oder als Schinkenschaum. Was wir sonst noch am liebsten so „veschpern"? Einfach weiterblättern ...

Rezept von Matthias Schwer
Gericht für 4 Personen | Zeit 120 Minuten

SCHINKENBROT VOM FEINSTEN À LA GASTHAUS ZUM KREUZ

Wenn Matthias wollte, könnte er seinen köstlichen, selbst geräucherten Schinken problemlos auf den Markt bringen, die Nachfrage ist groß – will er aber nicht. Das hauchzart geschnittene Glück bekommen nur seine Gäste in St. Märgen auf die Teller.

BUTTERMILCHBROT

1 l	Wasser
1 kg	Weizenmehl
400 g	Roggenmehl
150 g	Sauerteig
50 g	Salz
400 ml	Buttermilch
1 ½	Würfel Hefe

MANDEL-MAYONNAISE

75 g	Eigelb
5 g	Senf
	Himbeeressig
	Salz, Pfeffer
50 ml	Mandelöl

SCHINKEN-TOPPING

4	Essiggurken
4	Radieschen
etwas	Mandelöl
etwas	Essig
150 g	Pfifferlinge
1 Bund	Schnittlauch
etwas	Butter
20	Schinkenscheiben, hauchdünn geschnitten
100 g	Bergkäse

Für das **Buttermilchbrot** die Zutaten in der Küchenmaschine zu einem glatten Teig kneten. Eine Stunde gehen lassen und zu einem runden Laib formen. Zu viel Feuchtigkeit mit Mehl abbinden. Den Ofen auf 220 Grad (Ober-/Unterhitze) vorheizen und das Brot hineinschieben. Nach 20 Minuten auf 180 Grad reduzieren. In 40 Minuten fertig backen.

Für die **Mandel-Mayonnaise** das Eigelb mit dem Senf und dem Himbeeressig verrühren, je eine Prise Salz und Pfeffer dazugeben. Nun das Öl von Hand oder mit einem Stabmixer nach und nach unterrühren. Nochmals abschmecken.

Für die Toppings Essiggurken in dünne Scheiben schneiden, Radieschen waschen und der Länge nach fünfteln, mit Mandelöl und Essig marinieren. Pfifferlinge putzen und scharf anbraten. Schnittlauch waschen und fein schneiden.

Vom Brot 4 Scheiben abschneiden, mit Butter bestreichen und jeweils 5 Scheiben Schinken schön eindrehend darauflegen. Radieschen, Pfifferlinge und Gurken auf dem Schinken verteilen. Die Mayonnaise in einen Spritzsack geben und verteilt Punkte auf den Schinken spritzen. Bergkäse großzügig darüberhobeln und mit Schnittlauch bestreuen.

Rezept von Daniel Frech
Gericht für 4 Personen | Zeit 30 Minuten
+ 3 Stunden Garzeit

MARINIERTE RINDERZUNGE MIT TOMATEN-VINAIGRETTE

Die **Rinderzunge** mit den Gewürzen in reichlich Wasser etwa 2,5–3 Stunden weich kochen. Herausnehmen und 1–2 EL des Kochfonds für die Vinaigrette beiseitestellen, den Rest abschütten. Die Zunge in kaltem Wasser abschrecken und die äußere Haut abziehen. Etwas auskühlen lassen. Mit einem scharfen Messer oder am besten mit einer Aufschnittmaschine zwei Drittel der Zunge in dünne Scheiben schneiden.

Die Tomaten putzen, waschen, vierteln und die Kerne entfernen. In kleine Würfel schneiden. Schnittlauch waschen und fein schneiden. Die beiden Essige mit dem Senf verrühren. Die Öle daruntermixen – es sollte eine leicht gebundene Sauce entstehen. Sollte die **Vinaigrette** zu dick werden, mit etwas Zungenfond verdünnen. Mit Salz, Pfeffer und Zucker abschmecken. Die Tomatenwürfel und den Schnittlauch dazugeben.

Das restliche Drittel der Zunge in etwa 5 mm große Würfel schneiden. Petersilie waschen, fein hacken und unter das Paniermehl mischen. Zungenwürfel zuerst in Mehl wenden, dann durch das verquirlte Ei ziehen und zum Schluss in das Paniermehl geben. Die **Zungen-Croûtons** in einer Pfanne mit reichlich Öl knusprig anbraten.

Für die Deko die Radieschen waschen und in dünne Scheiben schneiden. Den Schnittlauch waschen und eine Hälfte in feine Röllchen schneiden.

Die lauwarmen Zungenscheiben in tiefen Tellern anrichten und mit der Vinaigrette beträufeln. Die Croûtons darüber verteilen. Mit den Radieschen, dem Schnittlauch und anderen Kräutern nach Belieben garnieren.

RINDERZUNGE

800 g	Rinderzunge, gepökelt
2	Lorbeerblätter
2	Nelken
6–10	Wacholderbeeren

TOMATEN-VINAIGRETTE

2	Tomaten
3 EL	Schnittlauch
50 ml	Apfelessig
50 ml	Tomatenessig (oder Weißweinessig)
etwas	Senf
100 ml	Olivenöl
100 ml	Sonnenblumenöl
1–2 EL	Zungenfond
	Salz, Pfeffer, Zucker

ZUNGEN-CROÛTONS

etwas	Petersilie
50 g	Paniermehl
50 g	Mehl
1	Ei
etwas	Öl

4	Radieschen
1 Bund	Schnittlauch
	Kräuter nach Wahl

Rezept von Lorenz Baschnagel
Gericht für 4 Personen | Zeit 45 Minuten

KALBSKOPFSÜLZE MIT BROTCREME & PICKLED ONIONS

Für die **Pickled Onions** die beiden Essige, die Brühe, Zucker, Salz und Gewürze in einen Topf geben und aufkochen. Die rote Zwiebel schälen und in feine Streifen oder Ringe schneiden. Wenn Ihr Perlzwiebeln verwendet, braucht Ihr die nicht klein zu schneiden. Alles nochmals kurz aufkochen und in ein Weckglas füllen. Die Zwiebeln müssen vollständig mit Flüssigkeit bedeckt sein. Mit dem Deckel fest verschließen und abkühlen lassen.

Für die **Brotcreme** die Zwiebel schälen, in feine Würfel schneiden und in einer Pfanne in Butter anschwitzen. Das Brot klein schneiden, zu den Zwiebeln geben und leicht mitrösten. Milch und Sahne dazugeben und alles weich köcheln. Pürieren und mit Salz und Pfeffer abschmecken.

Die **Kalbskopfsülze** klein schneiden und auf 4 Tellern anrichten. Mit der Brotcreme und den eingelegten Zwiebeln garnieren und mit etwas frischem Bauernbrot servieren.

Statt der Zwiebeln könnt Ihr für die Pickles natürlich auch Radieschen, Paprika, Karotten, Sellerie oder anderes Gemüse Eurer Wahl verwenden.

PICKLED ONIONS

- 50 g Essig
- 150 g Kräuteressig
- 300 g Gemüse- oder Fleischbrühe
- 100 g Zucker
- 10 g Salz
- 2 Lorbeerblätter
- 2 EL Senfsaat
- 1 EL Pfeffer
- ca. 6 Wacholderbeeren
- 1 große rote Zwiebel (oder 1 Handvoll Perlzwiebeln)

BROTCREME

- ½ Zwiebel
- 1 EL Butter
- 150 g Schwarzbrot, getrocknet
- 300 ml Milch
- 200 ml Sahne
- Salz, Pfeffer zum Abschmecken

KALBSKOPFSÜLZE

- 500 g Kalbskopfsülze vom Metzger
- Bauernbrot

Rezept von Aline Wimmer-You
Gericht für 4 Personen | Zubereitung 1 Stunde
+ 12 Stunden Gefrierzeit

HIRSCHFILET-CARPACCIO MIT BASILIKUMPESTO & PARMESAN

Da ich im Hotel meiner Eltern aufgewachsen bin, hatte ich schon früh einen Bezug zu edlen Gerichten. Besonders das Carpaccio ist mir schnell ans Herz gewachsen. Mit diesem Rezept möchte ich auch den Nicht-Profis unter Euch die Angst vor diesem edlen Gericht nehmen! Ich hoffe, Ihr liebt es so wie ich …

PESTO (VORRAT)

2 Bund	Basilikum
200 g	Pinienkerne, geröstet
800 ml	Olivenöl

CARPACCIO

400 g	Hirschrücken
50 g	Basilikumpesto
1 TL	Balsamico-Essig
2 TL	Olivenöl
	Salz, Pfeffer
200 g	Parmesan
10	Kirschtomaten, Oliven oder Rucola als Deko

Das Basilikum mit den gerösteten Pinienkernen und dem Olivenöl in ein hohes Gefäß geben und pürieren. Dann das **Pesto** in ein Schraubglas füllen und im Kühlschrank aufbewahren.

Für das **Carpaccio** den Hirschrücken von den Sehnen befreien, falls der Metzger das nicht schon erledigt hat. Nun den Schmetterlingsschnitt anwenden: Das Filet quer zur Faser einmal tief ein-, aber nicht komplett durchschneiden. Das Fleisch wie Schmetterlingsflügel aufklappen. Zwischen zwei Folien (am besten Gefrierbeutel) legen und vorsichtig plattieren, damit das Fleisch eine gleichmäßige Dicke von etwa 1 cm bekommt. Darauf achten, dass beim Plattklopfen möglichst keine Löcher entstehen.

Ein langes Stück Frischhaltefolie auf die Arbeitsplatte legen. Auf der unteren Hälfte das plattierte Filet vorsichtig auslegen und dünn mit dem Pesto bestreichen. Das **Carpaccio** mithilfe der Folie so fest wie möglich zu einem Bonbon zusammenrollen und eingewickelt mindestens 12 Stunden, am besten aber über Nacht, einfrieren.

Am nächsten Tag das Carpaccio einige Minuten bei Zimmertemperatur antauen lassen. Aus der Folie nehmen und mit einer Schneidemaschine oder mit einem scharfen, glatten Messer in dünne Scheiben schneiden. 2, 3 oder 5 Millimeter: ganz wie Ihr wollt! Wenn es sich schlecht schneiden lässt, noch einige Minuten weiter antauen lassen. Das Carpaccio dünn mit etwas Balsamico und Olivenöl marinieren, mit Salz und Pfeffer würzen. Auf 4 großen Tellern verteilen. Den Parmesan darüberhobeln und das Carpaccio mit Kirschtomaten, Oliven und Rucola dekorieren.

Statt Hirsch könnt Ihr übrigens auch Rindfleisch verwenden – und wer sich den Schmetterlingsschnitt nicht zutraut, kann das Filet auch einfach so plattieren, aufrollen, einfrieren und in Scheiben schneiden. Das Pesto dann einfach nach dem Aufschneiden auf die Scheiben streichen.

Rezept von Iván Lagunas Romeo
Gericht für 4 Personen | Zeit bis zu 8 Stunden

TOMATEN-ESTRAGON-ESSENZ MIT GURKEN-TOMATEN-TATAR

Für die **Tomaten-Essenz** die Tomaten waschen, in kleine Stücke schneiden und zusammen mit der Roten Bete in einem Mixer (z. B. Thermomix oder Bosch Cookit) etwa 5 Minuten sehr fein pürieren. Mit den Estragonblättern, dem Balsamico- und Mango-Essig und etwas Salz abschmecken.

Dieses Püree entweder mithilfe eines sauberen Baumwolltuchs oder eines speziellen Passiertuchs passieren. Dafür einfach das Tuch so in einen Topf legen, dass die Ecken heraushängen. Jetzt das Püree daraufgeben und das Tuch an den Ecken aus dem Topf heben, verknoten und über dem Topf baumeln lassen. Tropfen für Tropfen rinnt dann die Essenz in den Topf. Ohne Zutun dauert der Vorgang etwa 8 Stunden. Schneller geht es, wenn man ein bisschen Kraft ausübt und die Flüssigkeit dadurch vorsichtig herauspresst. Die so gewonnene Essenz bis zum Servieren kühl stellen.

Für das **Tatar** die Gurke schälen und entkernen. Die Tomaten blanchieren, häuten und ebenfalls entkernen. Das Gemüse in kleine Würfel schneiden und mit Salz und Balsamico würzen. Alles etwa 1 Stunde in den Kühlschrank stellen und durchziehen lassen. Dann die Flüssigkeit abseihen, etwas Olivenöl zur restlichen Masse geben und diese mithilfe eines Servierrings zu 4 Törtchen formen – am besten gleich auf je einem tiefen Teller.

Wenn die Törtchen auf ihren Tellern sitzen, einfach die Tomaten-Estragon-Essenz darum herumgießen. Zum Dekorieren aromatische Kräuter nach Wahl wie etwa Fenchel, Minze oder Basilikum verwenden.

Tipp: Aus den Tomatenstückchen, die auf dem Baumwoll- oder Passiertuch übrig bleiben, kann man eine wunderbare Tapenade machen. Schmeckt richtig lecker auf einem guten Bauernbrot!

TOMATEN-ESSENZ

1,2 kg	frische San-Marzano-Tomaten oder Kirschtomaten mit intensivem Geschmack
20 g	Rote Bete, gekocht
10	Estragonblätter
1 TL	weißer Balsamico
1 TL	Mango-Essig
	Salz

GURKEN-TOMATEN-TATAR

1	Gurke
200 g	Tomaten
etwas	Salz
1 TL	alter Balsamico
1 TL	Olivenöl
	Fenchel, Minze oder Basilikum

Rezept von Alexander Maier
Gericht für 4 Personen | Zubereitung 30 Minuten
+ ca. 12 Stunden Dörrzeit

CHAMPIGNON-CAPPUCCINO MIT HEIDELBEERSTAUB

Für den **Heidelbeerstaub** frische Heidelbeeren (macht Euch die Mühe und holt welche aus dem Wald, das Aroma ist unschlagbar!) auf einem Backblech bei etwa 80 Grad im Backofen trocknen. Das kann eine Weile dauern, einmal vorbereitet kann der Staub allerdings für vielerlei Dekorationen genutzt werden. Die trockenen Beeren vom Blech kratzen und in einen Mixer geben. Der so entstehende Beerenstaub kann – durch ein Teesieb zerstäubt – die verschiedensten Gerichte bereichern.

Für den **Champignon-Cappuccino** die Zwiebel würfeln und mit den Champignons in etwas Butter anschwitzen. Mit Weißwein ablöschen, dann mit Brühe und Sahne auffüllen. Die Champignons 5 Minuten weich kochen und mit dem Pürierstab mixen. Salz, Pfeffer und frischer Gartenthymian eignen sich perfekt zum Abschmecken.

Für die **Leinsaat-Cracker** die Kartoffeln schälen, in Salzwasser kochen und dann mit Eiweiß und etwas Salz mixen, bis eine kleisterartige Masse entsteht. Die Leinsaat in die Masse unterrühren und diese dann hauchdünn auf eine Backmatte (am besten aus Silikon) streichen. Bei 180 Grad im vorgeheizten Ofen bei Ober-/Unterhitze ausbacken. Nach 5–10 Minuten sind die Cracker fertig und können ausgekühlt serviert werden.

Die Creme-Suppe in einer Cappuccinotasse mit etwas Milchschaum darauf anrichten. Statt Kakao mit Heidelbeerstaub bestäuben. Dazu den Leinsaat-Cracker servieren.

HEIDELBEERSTAUB

250 g	Heidelbeeren

CHAMPIGNON-CAPPUCCINO

50 g	Zwiebel
250 g	Champignons
10 g	Butter
100 ml	Weißwein
1200 ml	Brühe
100 ml	Sahne
	Salz, Pfeffer, frischer Gartenthymian

LEINSAAT-CRACKER

100 g	Kartoffeln
1	Eiweiß
etwas	Salz
50 g	Leinsaat
	Milch zum Schäumen

Süße Leidenschaft

Mehr als nur lecker: Tim Schreiber aus Schonach suchte sich zum Ausgleich ein kniffliges Hobby – und fand es bei den Bienen. Die bringen seither ordentlich Würze in sein Leben

Kommt im Hochschwarzwald das Gespräch auf die Rheinebene, schwingt ein bissle Neid mit. Vor allem im Frühling. Schließlich blühen unten die Kirschen – und überhaupt alles – einfach früher. Aber mal ehrlich: Ist das wirklich immer gut?
Ein bisschen Verspätung kann nicht schaden, weiß Tim Schreiber, der die Honigmeisterei in Schonach betreibt. Wenn ein später Frost übers Land zieht, genauer gesagt durchs Tal, ist es Essig mit den Früchten, der Blüte und dem Honig. Da im Hochschwarzwald eh alles später losgeht, kennt er diese Probleme nicht unbedingt. Wenn es blüht, dann blüht es – und die Bienen haben was zu tun. Die fleißigen Honigsammler.

Das Thema Honig wurde Tim Schreiber nicht unbedingt in die Wiege gelegt. Bienenvölker hatte jedenfalls niemand in der Familie. Mit Anfang 30 suchte er einen Ausgleich zum Büro, etwas, das ihn fordert. „Nicht, dass ich mich nach zwei Jahren schon langweile", sagt er und schaut auf die andere Talseite zur berühmten Schonacher Sprungschanze, auf der im Winter die weltbesten nordischen Kombinierer ins Tal gleiten. Jetzt ist er quasi in den Honigtopf gefallen. Und Honig sei nicht gleich Honig: „Es ist gerade auch die Vielfalt, die mich begeistert", erzählt der Imker. Sogar im Urlaub schaue er nach Honig, Freunde und Bekannte brächten ihm auch immer welchen mit.

Auf der Steillage hat er seine Bienenvölker. Warum Steillage? „Wegen den Tannen", klärt er auf. Weil er Tannenhonig liebt, stehen die Bienenstöcke dort. Da die Fichte am Hang einen schweren Stand hat, hat man hier die Weißtannen belassen. Kräftig, würzig, aromatisch würde der Tannenhonig schmecken. „Der gehört immer schon zu meinen Lieblingen", sagt er.
Dort, wo die Schilder zur „Schönen Aussicht" und zum „Speckládele" in Richtung Karlstein den Weg weisen, ist ein guter Platz. Jedes Jahr darf er hier seine Bienenstöcke aufstellen. So hat er es mit dem Waldbauer abgemacht. Im Frühjahr installiert er sie am Waldrand und bestückt sie mit den

„Auch ein Honig hat Terroir. Jeder schmeckt anders. Das ist ja auch das Spannende dabei!"

Tim Schreiber, Imker

Waben. Alle paar Wochen muss er dann noch nach dem Rechten schauen. „Jetzt bin ich aber gespannt", sagt er und wuchtet zuerst die Steine weg, die den Deckel beschweren. Dann lüftet er ihn und zieht die Waben heraus. Manche sind schon mit Honig gefüllt, der wie Bernstein in der Sonne leuchtet. Die Bienen krabbeln ungestört umher.

Bienen machen den Honig, denken viele. Aber so ist es nicht. Es sind die Läuse. Diese fressen Pflanzensaft und scheiden ihn als Honig wieder aus. Das ist der Stoff, den die Bienen sammeln und dann in die Waben tun. Als Wintervorrat. Den ganzen Tag! Darum heißt es auch bienenfleißig. Aber das Bienenleben ist nicht so idyllisch. Wühlmäuse, Dachs und Marder können in den Bienenstock eindringen und räubern (ganz früher auch Bären ...). Zudem gibt es Hornissen, die vor der Luke des Bienenstocks die Tiere abgreifen und auffressen.
Das Volk hält den Schwund aus, weiß Tim. Aber sobald eine Hornisse in den Stock gelangt, wird es brenzlig. Für die Hornisse. Dann fliegt ein Schwarm Bienen auf die Hornisse und bildet auf ihr eine sogenannte Traube. Mit Flügelbewegungen erzeugen sie eine Wahnsinnshitze, sodass die Hornisse geradezu gekocht wird. Die Bienen halten die Temperatur aus. Ein anderer Feind ist der Waldbrand. Das machen sich Imker zunutze. Sobald eine Biene Rauch registriert, geht sie in den Stock, frisst Pollen und wird träge.

Genau dieses Programm spulen die Bienen auch ab, als Tim Schreiber im Imkeranzug den

Von Kopf bis Fuß geschützt und auf Honig eingestellt. Hobby-Imker Tim Schreiber liebt sein eigenes Produkt. Ein Honigbrot zur rechten Zeit versüßt den (Arbeits-)Tag

Deckel lupft und sie mit der Imkerpfeife benebelt. Ab und zu drückt er den Blasebalg und eine Rauchwolke steigt auf. Die Bienen sind ruhig. „Wenn sie aggressiv sind, hört man es", weiß er und begutachtet in aller Ruhe die Waben, nur unterbrochen vom Gesumme der Bienen. Den ganzen Sommer über prüft er einmal die Woche den Stand der Dinge. Im Herbst holt er die Waben recht früh aus dem Stock, damit sich die Bienen auf den Winter vorbereiten und gegen den schlimmsten Feind – die Varroamilbe – wappnen können. Damit die Bienen was zu fressen haben, stellt er ihnen eine große Schale mit Honigwasser in den Stock. So kommen sie über die harte Jahreszeit.

Im Herbst muss Tim Schreiber Bienenfleiß zeigen, er muss die vollen Waben durch leere ersetzen, daheim muss er den Honig aus den Waben schleudern, abfüllen, die Gläser etikettieren und ganz zum Schluss die Bestellungen versenden. Die Nachfrage ist immer größer als die Ernte. Sogar nach Irland verschickt er seinen Honig, weil dort ein Schwarzwälder lebt, der auf seinen geliebten Tannenhonig nicht verzichten möchte.

Je nach Standort schmeckt Honig anders, weiß Tim Schreiber. Und jedes Jahr schmeckt er anders. „Auch ein Honig hat Terroir." Terroir, das bedeutet Erde, Klima, Pflanzen, Luft. Für den Schwarzwälder Iren und viele andere schmeckt der Honig vor allem nach der Heimat.

Ein Herz und eine Seele

***Volker Hupfer** und seine Frau Dorothee haben mit ihrem „derWaldfrieden" in Todtnau-Herrenschwand eine Oase geschaffen. Hier wird sowohl gutbürgerlich gekocht als auch Fine Dining zelebriert. Auch das Wellnessangebot ist vom Feinsten*

Blonde Haare, in den Augen blitzt der Schalk: Volker Hupfer, Wirt und Chefkoch vom derWaldfrieden – ja, das schreibt man so –, hat aus der Sackgasse einen Place to be gemacht. Nach Herrenschwand (130 Einwohner) führt nur eine Straße. Null Durchgangsverkehr. Trotzdem fahren die Leute hin. An manchen Tagen verdoppelt sich fast die Einwohnerzahl. Und das liegt eben am Restaurant und Hotel der Familie Hupfer.

Aber der Reihe nach: Dass Volker Hupfer Gastronom ist und zudem noch mit Bib Gourmand und Grünem Michelin-Stern ausgezeichnet ist, liegt auch an der Oma und der Mutter. Beide sind sie gesegnet mit Geschäftssinn, Ideen, Realismus, Geschmack und Sinn für Tradition. Die Geschichte beginnt in den 1950er-Jahren. 1954 machte die Oma aus dem Berghof auf 1020 Metern Höhe eine kleine Pension. „Bei euch gibt's doch eh immer was zu essen", sagten die Leut' – und damit war's geschwätzt und ausgemacht. Aus der Pension wurde ein Gasthaus und Hotel. Alle paar Jahre wurde erweitert, erneuert, angebaut. Und sogar neu gebaut. „Es ist ein ständiger Prozess der Weiterentwicklung", berichtet Volker Hupfer, „und nicht: Wir machen alles neu!" Dafür ist er viel zu traditionsverbunden.

In der gemütlichen Gaststube beim Bier erzählt er, auf welchem Weg er in die Gastronomie kam. „Mich hat niemand in die Ecke gedrängt, das tun zu müssen", stellt er klar. Der Eintritt ins Fach begann klassisch, zuerst in den Ferien, dann, als es konkret wurde mit einer Lehre. Er kochte in den renommiertesten Häusern, in der Traube Tonbach, im Basler Stucki, im Eden Rock und anderswo in der Schweizer Spitzengastronomie.
Als er in Heidelberg den Küchenmeister machte, lernte er „im Nachtleben", wie er sagt, seine Frau Dorothee – genannt Doro – kennen und lieben.

Wellness trifft Kulinarik und Gastfreundschaft. Das 2014 erbaute „spaHaus“ liegt nur 50 Meter entfernt vom „stammHaus“, wo sich das Hotel-Restaurant befindet

Die beiden haben mittlerweile drei kleine Kinder und kriegen es ganz gut gewuppt, sodass immer noch genug Energie da ist, um die Dinge proaktiv anzugehen. Sie kümmert sich um den Spa-Bereich, er steht in der Küche. Gibt es mal was Größeres zu besprechen, nehmen sie sich die Zeit dafür. Und dienstags ist Familientag. „Da machen wir was Schönes mit den Kindern“, erzählt der Küchenchef.

Volkers Küche kann Fine Dining und auch vegetarisch. Aber auch auf Nachfrage will Volker Hupfer kein spezielles Gericht als Referenz nennen, sondern eher die Philosophie in den Vordergrund stellen: natürlich, ehrlich, kreativ. Und auch die gutbürgerliche Küche ist noch präsent. Das ist wie mit den Wurzeln, die ein echter Schwarzwälder auch nicht kappen kann. Das bedeutet: Cordon bleu und Wurstsalat für Wanderer und Langläufer. Oder für sich selbst. Dazu passt, dass der Waldfrieden zu den Gründungsmitgliedern der Naturpark-Wirte gehört und mit Lebensmitteln aus der Region kocht.

Die Tradition spielte auch beim Neubau des „spaHaus“ eine Rolle. Dieses wurde mit dem „Architekturpreis für beispielhaftes Bauen“ ausgezeichnet. Der mit Weißtannenholz gezimmerte Wohlfühltempel ist topmodern und liefert das, was Urlaub heute im Schwarzwald so anziehend macht: ein exzellentes Wellnessangebot. Das Holz dafür stammt aus dem Schwarzwald, eben-

„Dienstags ist Familientag, da machen wir was Schönes mit den Kindern."

Volker Hupfer, Koch und Familienmensch

so die Handwerker, und beim Stil hat man auch drauf geschaut, dass es sich in die Landschaft einpasst.

Dass er trotz vieler Verpflichtungen und Rund-um-die-Uhr-Verantwortung sowie selbstgewählter hoher Ansprüche immer noch ein lustiger Kerl geblieben ist, merkt man sofort. Wenn er mit seinen Kollegen von der Next Generation kocht, ist er mittendrin statt nur dabei. Und wenn er mal nicht da ist, dann ruft man ihn – wie beim ersten Secret Dinner der Kochtruppe am Schluchsee. Hupfer! Hupfer! Hupfer?, schallte es aus dem Küchenwaggon. Wo war Volker Hupfer? Der Koch saß bei den Gästen im Speisewagen und amüsierte sich köstlich. Und die Gäste erst!

DESSERT

Ob wir noch Platz für Dessert haben? Aber klar! Denn ob Tannenspitzenparfait, Eis mit Sauerampfer oder Schwarzwälder Kirschgrütze: Aus den besten heimischen Zutaten zaubern unsere Köche wunderbare Süßspeisen, die den krönenden Abschluss eines jeden Menüs bilden – und dafür muss man sich zur Not halt auch mal überfressen …

Rezept von Volker Hupfer
Gericht für 4 Personen | Zeit 20 Minuten
+ 24 Stunden Ziehzeit

HOLUNDERBLÜTENSIRUP MIT LIMETTE UND ORANGE

Pilzesammeln im Herbst und Holunderblütenpflücken im Frühjahr: Das gehört bei den Spaziergängen mit unseren drei Kindern einfach dazu. So bringen wir der nächsten Generation näher, was aus der Natur entstehen kann, wenn man sanft mit ihr umgeht – und wie gut ein Lebensmittel schmeckt, wenn es aus Produkten der Natur selbst hergestellt wurde.

HOLUNDERBLÜTENSIRUP

ca. 40	Holunderblüten-dolden
1	Limette
1	Zitrone
1	Orange
1 kg	Zucker

HUGO

2 cl	Holunderblütensirup
1	Limettenscheibe
1 Blatt	Minze
2 EL	Eiswürfel
150 ml	Sekt
etwas	Mineralwasser

Für den **Holunderblütensirup** verwendet man am besten ganz frische Blüten. Dafür etwa 40 Holunderblütendolden von den grünen Ästen und eventuell vorhandenen Krabbeltieren befreien und in eine Schüssel geben. Die Limette, Zitrone und Orange waschen, in Scheiben schneiden und auf die Blüten legen. Mit 1 Liter kochend heißem Wasser überbrühen, die Schüssel luftdicht verschließen und 24 Stunden ziehen lassen. Den Sud durch ein Sieb passieren.

Den Zucker in Wasser auflösen und zum Kochen bringen. Den Sud dazugeben und alles 5 Minuten köcheln lassen. In sterile Flaschen füllen.

Holunderblütensirup ist die perfekte Basis für leichte und schnell gemixte Sommer-Drinks. Für einen **Hugo** beispielsweise mischt Ihr den Sirup einfach mit Limette, Minze und Eiswürfeln, füllt das Ganze mit Sekt auf und gebt noch einen Schuss Mineralwasser dazu. Wer es lieber alkoholfrei mag, lässt den Sekt weg und gibt dafür 3 cl Mineralwasser zum Drink.

Alternativ könnt Ihr aus dem Sud auch Gelee machen. Dafür die Flüssigkeit mit Gelierzucker oder Agar-Agar nach Packungsanleitung weiterverarbeiten.

Rezept von Aline Wimmer-You
Gericht für 4 Personen | Zeit 30 Minuten
+ 5 Stunden Gefrierzeit

PANNA COTTA MIT ZIMT UND MARINIERTEN ERDBEEREN

Gelatine in kaltem Wasser einweichen. Die Sahne mit der Zimtblüte und dem Zucker kurz in einem Topf aufkochen. Vom Herd nehmen. Die eingeweichte Gelatine leicht ausdrücken und in der heißen Sahne unter Rühren auflösen. Die **Panna cotta** durch ein feines Sieb gießen. Die noch flüssige Creme in 4 kleine Schälchen füllen und mindestens 5 Stunden oder am besten über Nacht in den Kühlschrank stellen.

Kurz vor dem Servieren **Erdbeeren** waschen und das Grün entfernen. Halbieren und mit Zucker und Zitronensaft marinieren.

Die Schälchen in warmes Wasser tauchen, damit sich die Panna cotta besser aus der Form löst. Auf Dessertteller stürzen, mit den Erdbeeren anrichten und nach Belieben noch mit etwas frischer Minze oder auch selbst gemachten Streuseln dekorieren.

Tipp: Wer Zimt nicht mag, kann statt der Zimtblüte auch das Mark einer Vanilleschote verwenden. Im Frühling könnt Ihr als Alternative zum Aromatisieren der Panna cotta zum Beispiel auch selbst gesammelte Holunderblüten oder frischen Waldmeister nutzen.

PANNA COTTA

4 Blatt	Gelatine
400 g	Sahne
5 g	Zimtblüte
120 g	Zucker

ERDBEEREN

300 g	Erdbeeren
80 g	Zucker
1 TL	Zitronensaft
	Minze

Rezept von Matthias Schwer
Gericht für 4 Personen | Zeit 60 Minuten
+ Gefrierzeit 4 Stunden + Ruhezeit 1 Stunde

KRÄUTEREIS MIT CASHEWKROKANT, MARZIPANHIPPE & ERDBEEREN

Für das **Kräutereis** Wasser, Zucker und Glukose aufkochen und auskühlen lassen. Joghurt und Buttermilch verrühren und zur ausgekühlten Wassermischung geben. Mit den gewaschenen Kräutern fein mixen, dabei 2 Zweige Kerbel zum Anrichten beiseitelegen. Die Masse in einer Eismaschine gefrieren – aber Vorsicht, nicht zu lange! Alternativ ins Gefrierfach stellen und immer mal wieder verrühren.

Cashewkerne in einer Pfanne goldbraun rösten. Gelatine in kaltem Wasser einweichen. Sahne, Milch und Zucker zusammen aufkochen und die Cashewkerne dazugeben. Vom Herd nehmen und die eingeweichte Gelatine dazugeben, so dass diese sich auflöst. Die Masse fein mixen und passieren. In eine Espuma-Sprühflasche füllen und mit einer Kapsel besetzen. Gut kühlen.

Erdbeeren waschen und putzen. Eine Hälfte mit etwas Puderzucker zu Erdbeermark mixen. Zwei Esslöffel zum Anrichten zurückbehalten, den Rest ins Gefrierfach stellen. Alle 10 Minuten mit einer Gabel durchrühren, sodass eine **Granita** entsteht. Die andere Schale Erdbeeren zum Anrichten aufheben.

Für die **Marzipanhippe** Zucker, Marzipan-Rohmasse, Ei, Zimt, Salz und Mehl mit einem Handrührgerät langsam glatt rühren. Die Masse darf keine Klumpen haben und nicht schäumen. 60 Minuten im Kühlschrank ruhen lassen. Sahne unterrühren und die Masse in einen Spritzbeutel geben. Auf ein Backpapier Kreise oder Muster nach Wahl aufstreichen und bei 175 Grad im Ofen goldbraun backen.

Für den **Cashewkrokant** die Cashewkerne in einer Pfanne anrösten. Mit Puderzucker bestäuben und karamellisieren. Auf Backpapier geben und auskühlen lassen.

Die Erdbeeren vierteln und mit dem zurückbehaltenen Mark marinieren. Auf 4 Teller je einen großzügigen Punkt Espuma setzen. Eine Nocke Kräutereis daraufgeben. Die Erdbeeren und die Granita rundherum am Rand des Schaums platzieren. Den Cashewkrokant und ein paar Kerbelspitzen darüberstreuen. Mit der Marzipanhippe garnieren und sofort servieren.

KRÄUTEREIS

50 g	Wasser
50 g	Zucker
40 g	Glukose
175 g	Joghurt
100 g	Buttermilch
etwas	frischer Kerbel, Sauerampfer und Basilikum

CASHEW-ESPUMA

100 g	Cashewkerne
1 Blatt	Gelatine, alternativ: 0,45 g Iota und 0,2 g Xanthan
200 ml	Sahne
200 ml	Milch
75 g	Zucker

ERDBEEREN & GRANITA

2	Schalen Erdbeeren
	Puderzucker

MARZIPANHIPPE

45 g	Zucker
13 g	Marzipan-Rohmasse
1	Ei
1 Msp.	Zimt
1 Msp.	Salz
40 g	Mehl, gesiebt
15 ml	Sahne

CASHEWKROKANT

100 g	Cashewkerne
100 g	Puderzucker

Rezept von Alexander Maier
Gericht für 4 Personen | Zeit 60 Minuten
+ 12 Stunden Gefrierzeit

LEBKUCHENWAFFELN MIT TANNENSPITZENPARFAIT

TANNENSPITZENPARFAIT

40 ml	Tannenspitzensirup
2	Eier
200 g	Sahne

LEBKUCHENWAFFELN

50 g	Butter
100 g	Mehl
½ TL	Backpulver
80 ml	Milch
1 TL	Lebkuchengewürz
1 TL	Vanillezucker
1	Ei
40 g	Zucker

Für das **Tannenspitzenparfait** den Tannenspitzensirup mit den Eiern schaumig schlagen. Sahne steif schlagen und mit der Ei-Sirup-Masse vermengen. Dabei darauf achten, dass die Luft nicht herausgerührt wird. Die Masse in eine mit Folie ausgekleidete Form (oder alternativ eine Silikonform) geben und über Nacht im Tiefkühlfach gefrieren lassen.

Die zimmerwarme Butter mit Mehl, Backpulver, Milch, Lebkuchengewürz und Vanillezucker mischen. Das Ei mit dem Zucker schaumig schlagen. Beide Massen vorsichtig miteinander vermengen. Dabei ebenfalls nicht zu viel rühren, da sonst die Fluffigkeit verloren geht. Im Waffeleisen zu goldbraunen **Lebkuchenwaffeln** ausbacken.

Die Waffeln in Stücke zupfen und auf Desserttellern aufschichten. Je eine Kugel des Parfaits daraufsetzen und alles mit etwas Tannenspitzensirup begießen.

Tipp: Tannenspitzensirup gibt es übrigens fertig zu kaufen – aber noch feiner schmeckt er natürlich selbst gemacht. Dafür im Mai oder Juni 4 Handvoll frische Tannenspitzen abknipsen und waschen. In 1 Liter Wasser aufkochen und etwa 15 Minuten köcheln lassen. Durch ein feines Tuch abgießen. 1 kg Zucker und den Saft einer Bio-Zitrone dazugeben und alles nochmals etwa 1 Stunde köcheln lassen, bis der Sirup eingedickt ist. In Flaschen abfüllen und dunkel lagern.

Der Sirup schmeckt nicht nur superlecker, sondern hilft auch bei Husten und Heiserkeit!

Rezept von Manuel Schwörer
Gericht für 4 Personen | Zeit 30 Minuten
+ Gefrierzeit 4 Stunden

BLÜTENPOLLENPARFAIT MIT ROTER BEERENGRÜTZE

Für das **Blütenpollenparfait** die Eigelbe im warmen Wasserbad schaumig rühren. Den Honig, Likör und 5 g der Blütenpollen hinzugeben und alles in einem kalten Wasserbad kalt rühren. Blütenpollen bekommt Ihr übrigens im Reformhaus, im Internet oder direkt beim Imker – auch hier bei uns im Schwarzwald. Die restlichen Blütenpollen hinzugeben, Sahne steif schlagen und ebenfalls unterheben. In kleine Förmchen Eurer Wahl geben und mindestens für 4 Stunden in den Gefrierschrank stellen.

In der Zwischenzeit die **Beerengrütze** zubereiten. Dafür die Gelatine einweichen. Den Zucker mit 50 ml Wasser zu Läuterzucker aufkochen. Die eingeweichte Gelatine hinzugeben und unter Rühren auflösen. Die gewaschenen oder aufgetauten Beeren dazugeben und alles vorsichtig verrühren. Etwas abkühlen lassen.

Die Beerengrütze auf vier Desserttellern verteilen. Das Blütenpollenparfait aus dem Gefrierschrank nehmen und kurz antauen lassen, bevor Ihr es aus den Förmchen drückt. Auf die Beerengrütze setzen und mit je einem Esslöffel Blütenpollen garnieren. Wer mag, gibt noch ein paar frische Beeren, etwas Minze oder Blüten als Deko dazu.

BLÜTENPOLLENPARFAIT

10	Eigelb
200 g	Honig
5 cl	Likör nach Belieben
50 g	Blütenpollen
1 l	Sahne

BEERENGRÜTZE

2 Blatt	Gelatine
50 g	Zucker
250 g	Beeren, gemischt

4 EL	Blütenpollen als Deko
	frische Beeren

Rezept von Johannes Dünnebacke
Gericht für 4 Personen | Zeit 30 Minuten + 24 Stunden Kühlzeit + 4 Stunden Gefrierzeit + 3 Stunden Auftauen

SCHWARZWÄLDER KIRSCHDESSERT MIT VANILLESCHAUM

Die Sahne für das **Kirschdessert** aufkochen und vom Herd nehmen. Weiße Schokolade hineingeben und unter Rühren auflösen. Die Gelatine in kaltem Wasser etwa 2 Minuten einweichen, ausdrücken und in die heiße Flüssigkeit geben. Die kalte Milch, den Zitronensaft und 1 g der Zitronenschale unter die warme Masse rühren. Für 24 Stunden im Kühlschrank kalt stellen.

In der Zwischenzeit die **Kirschen** in ein Sieb geben und den Saft auffangen. Den Saft etwa auf die Hälfte einkochen. Speisestärke in einem kleinen Schluck Wasser auflösen und unter die kochende Flüssigkeit rühren. Die abgetropften Kirschen unterrühren, alles in eine größere oder vier kleine Silikonformen Eurer Wahl geben und einfrieren.

Die im Kühlschrank gelierte Sahnemasse schaumig schlagen, dabei das Kirschwasser zugeben. In eine etwas größere Silikonform füllen als die, die Ihr für die Kirschen verwendet habt, und die eingefrorenen Kirschen in die Mitte der Sahnemasse setzen. Nochmals gefrieren.

Dunkle Kuvertüre mit dem Öl im Wasserbad schmelzen. Das gefrorene Dessert herausnehmen und mit der flüssigen Schokolade übergießen. Etwa 3 Stunden im Kühlschrank auftauen lassen.

Für den **Vanilleschaum** die Sahne in eine Espuma-Flasche füllen, Puderzucker und Vanillemark mit in die Flasche geben und mit 2 Kapseln begasen.

Das Kirschdessert entweder in vier Teile schneiden oder – falls Ihr Euch für die kleineren Formen entschieden habt – im Ganzen auf Tellern anrichten. Mit dem Vanilleschaum und nach Belieben einigen frischen Kirschen und/oder Kirschsauce garnieren und sofort servieren.

KIRSCHDESSERT

70 ml Sahne
60 g weiße Schokolade
1 Blatt Gelatine
30 ml Milch
1 Zitrone, Saft und Abrieb

1 Glas Sauerkirschen, eingelegt
5 g Speisestärke

2 cl Kirschwasser

200 g dunkle Kuvertüre
60 ml Sonnenblumenöl

VANILLESCHAUM

100 ml Sahne
30 g Puderzucker
1 Vanilleschote, Mark

1 Handvoll Kirschen zur Deko
Kirschsauce

Rezept von Iván Lagunas Romeo
Gericht für 4 Personen | Zeit 60 Minuten
+ 2 Abkühlzeiten im Kühlschrank

KATALANISCHE CREME MIT SCHWARZWÄLDER KIRSCHGRÜTZE

Es gibt wohl kaum eine Kombi, die meine beiden Heimaten so gut miteinander verbindet, wie dieses Gericht: zwei Klassiker aus zwei Welten! Und das Schöne dabei: Das Ergebnis im Glas ist ein süßer Traum!

GRÜTZE

300 g	frische Kirschen oder eingelegte Schattenmorellen
200 g	Zucker
500 ml	Roséwein
10 ml	Kirschwasser
5 Blatt	Gelatine

KATALANISCHE CREME

250 ml	Sahne, 33 %
250 ml	Milch
100 g	Zucker
1	Orange, Schale
1	Zitrone, Schale
4	Eier

1 Prise	Zucker
4	frische Kirschen

Die Kirschen entsteinen und mit dem Zucker, dem Roséwein und dem Kirschwasser bei schwacher Hitze 15 Minuten kochen, bis der Alkchol sich weitgehend verflüchtigt hat. Die Gelatineblätter in kaltem Wasser einweichen. Sobald sie weich sind, zur **Grütze** geben. So lange rühren, bis die Gelatine sich aufgelöst hat. In Dessertgläser füllen, auf Zimmertemperatur abkühlen lassen und in den Kühlschrank stellen.

Für die **Katalanische Creme** Sahne und Milch mit dem Zucker, der Orangen- und Zitronenschale aufkochen. Sobald die Masse kocht, den Herd auf die niedrigste Stufe schalten und alles 30 Minuten ziehen lassen. In der Zwischenzeit Eier im Mixer schaumig schlagen. Die Zitronen- und Orangenschale entfernen und die Eier langsam zur Sahnemasse hinzufügen. Mit dem Schneebesen auf höchster Stufe rühren, bis das Ganze eindickt. Abkühlen lassen und in die Gläser auf die Grütze geben. Eine Dekokirsche daraufsetzen und erneut in den Kühlschrank stellen.

Kurz vor dem Servieren eine Prise weißen Zucker auf das Dessert geben und gut verteilen. Mithilfe eines Flambierbrenners karamellisieren.

Tipp: Um die Kirschkerne zu entfernen, braucht Ihr nicht unbedingt einen Entsteiner. Das klappt auch mit einem Strohhalm – am besten aus Metall oder Glas.

Rezept von Daniel Frech
Gericht für 2–3 Personen | Zeit 90 Minuten
+ Kühl- und Gefrierzeit

APFELTARTE MIT ZITRONEN-CRUMBLE UND KARAMELL-MEERSALZ-EIS

Für das **Karamell-Meersalz-Eis** 60 g Zucker in einem Topf karamellisieren lassen. Währenddessen Milch und Sahne in einem separaten Topf aufkochen. Gemeinsam mit dem Salz zum Karamell geben. Die Eigelbe zusammen mit dem restlichen Zucker mit einem Schneebesen schaumig schlagen. Die Karamellmasse auf das schaumige Eigelb-Zucker-Gemisch gießen und gut verrühren. Gut auskühlen lassen, am besten über Nacht im Kühlschrank. In die Eismaschine geben und zu einer schön cremigen Masse gefrieren lassen.

Die kalte Butter in Würfel schneiden und in eine Schüssel geben. Den Zucker hinzugeben und mit dem Knethaken des Mixers durchkneten. Ei und Salz dazugeben und das Mehl untermengen. Den **Mürbeteig** zu 2–3 Kugeln formen, in Klarsichtfolie einwickeln und mindestens 30 Minuten im Kühlschrank ruhen lassen.

Währenddessen für die **Eiersahne Royal** alle Zutaten mit dem Stabmixer vermengen. Mit Zitronenabrieb und Vanillemark verfeinern.

Die **Äpfel** waschen, schälen und in etwa 5 mm große Würfel schneiden.

Den Mürbeteig dünn ausrollen und in eingefettete kleine Tarteformen auslegen. Im vorgeheizten Backofen bei 180 Grad etwa 12–15 Minuten blindbacken. Herausnehmen und den Ofen bei gleicher Temperatur von Ober-/Unterhitze auf Umluft umstellen. Die Tartes bis zur Oberkante mit Apfelwürfeln befüllen, mit der Royal-Masse begießen und sofort wieder in den Ofen geben. In etwa 20 Minuten goldbraun backen.

In der Zwischenzeit für den **Zitronen-Crumble** alle Zutaten zu einem bröseligen Teig verarbeiten. Auf einem mit Backpapier belegten Blech verteilen und ebenfalls bei 180 Grad Umluft für etwa 15 Minuten backen.

Die Tartes mit dem Karamell-Meersalz-Eis anrichten, mit dem Zitronen-Crumble bestreuen und nach Belieben mit etwas Karamellsauce garnieren.

KARAMELL-MEERSALZ-EIS
- 85 g Zucker
- 300 ml Milch
- 50 ml Sahne
- 1 TL Meersalz
- 5 Eigelb

MÜRBETEIG
- 200 g Butter, kalt
- 100 g Zucker
- 1 Ei
- Salz
- 300 g Mehl

EIERSAHNE ROYAL
- 125 ml Sahne
- 2 Eier
- 50 g Zucker
- 1 TL Stärke
- 1 Zitrone, Abrieb
- 1 Vanilleschote, Mark

ÄPFEL
- 4 Topaz-Äpfel

ZITRONENCRUMBLE
- 100 g Mehl
- 50 g Butter, kalt
- 50 g Zucker
- 1 Zitrone, Abrieb

Karamellsauce

Rezept von Matthias Schwer
Gericht für 4 Personen | Zeit 2 Stunden + Gefrier- und Kühlzeit etwa 4 Stunden

NOUGAT-MOUSSE MIT APFELPERLEN & SORBET

APFELPERLEN

3	Äpfel
300 ml	Apfelsaft, naturtrüb
30 g	Puderzucker
1	Vanilleschote, Mark

APFELSORBET

	Apfelreste der Perlen
60 g	Zucker
150 ml	Apfelsaft
20 g	Glukose

NOUGAT-MOUSSE

50 ml	Milch
300 ml	Sahne
70 g	Nougat
2 Blatt	Gelatine
2	Eigelb
60 g	Zucker

NOUGAT-SCHAUM

100 ml	Milch
100 ml	Sahne
50 g	Nougat
½ Blatt	Gelatine (alternativ 0,4 g Iota & 0,2 g Xanthan)

MARZIPANHIPPE

45 g	Zucker
13 g	Marzipan-Rohmasse
1	Ei
1 Msp.	Zimt
1 Msp.	Salz
40 g	Mehl, gesiebt
15 ml	Sahne

frische Minze

Die Äpfel schälen und mit einem Perlenausstecher 16–20 Perlen von etwa 1 cm Durchmesser ausstechen. Den Rest der Äpfel für das Sorbet aufheben. Apfelsaft mit Puderzucker aufkochen, Vanillemark dazugeben und die **Apfelperlen** darin 3–4 Minuten leicht simmern lassen.

Für das **Apfelsorbet** die geschälten Apfelreste entkernen, zusammen mit den anderen Zutaten in einen Topf geben und aufkochen. Zu einer feinen Masse pürieren und in der Eismaschine gefrieren. Alternativ könnt Ihr das Sorbet auch 4 Stunden ins Gefrierfach stellen, dort solltet Ihr es nur immer mal wieder durchrühren.

Die Milch mit 50 ml Sahne aufkochen. Vom Herd nehmen. Nougat in Würfel schneiden, zur Milch geben und zu einer glatten Masse verrühren. Die Gelatine in kaltem Wasser einweichen. Die Eigelbe mit dem Zucker und einem Schuss Sahne auf einem Wasserbad aufschlagen, bis eine schön gebundene Masse entsteht. Die Gelatine dazugeben und unterrühren. Die Eimasse aus dem Wasserbad nehmen und die Nougatmasse unterrühren. Abkühlen lassen. Restliche Sahne steif schlagen und vorsichtig unterheben. 4 kleine runde Förmchen optional mit etwas Trennfett einsprühen und die **Nougat-Mousse** hineinfüllen. Etwa 90 Minuten in den Gefrierschrank und danach bis zum Anrichten in den Kühlschrank stellen.

Für den **Nougat-Schaum** Milch und Sahne aufkochen, Topf vom Herd nehmen. Nougat würfeln, hinzugeben und so lange rühren, bis er vollständig aufgelöst ist. Die Gelatine einweichen, zur Nougat-Masse geben und ebenfalls unter Rühren auflösen. Passieren, in eine Espuma-Flasche füllen und mit einer Kapsel versetzen. Bis zur weiteren Verwendung in den Kühlschrank stellen.

Für die **Marzipanhippe** Zucker, Marzipan-Rohmasse, Ei, Zimt, Salz und Mehl mit einem Handrührgerät langsam glatt rühren. Die Masse darf keine Klumpen haben und nicht schäumen. 60 Minuten im Kühlschrank ruhen lassen. Sahne unterrühren und die Masse in einen Spritzbeutel geben. Auf ein Backpapier Kreise oder Muster nach Wahl aufstreichen und bei 175 Grad im Ofen goldbraun backen.

Die Mousse auf Dessertteller stürzen und die Apfelperlen mit kleinen Abständen am Tellerrand verteilen. In die Lücken den Nougat-Schaum spritzen und eine Nocke Sorbet setzen. Mit ein paar Minzblättchen und der Marzipanhippe garnieren.

Rezept von Volker Hupfer
Gericht für 4 Personen | Zeit 60 Minuten

VEGANE SCHOKOLADENTARTE MIT AVOCADO & WALDBEERSORBET

Auf unserer Karte ist stets ein veganes Menü zu finden, das sich immer größerer Beliebtheit erfreut. Wir lieben es einfach, die Natur in Form von modernen, raffinierten Gerichten auf Teller zu zaubern. Unkompliziert, ohne Zusatzstoffe, regional und frisch – was will man mehr?

WALDBEERSORBET

75 ml	Wasser
100 g	Zucker
400 g	Waldbeeren

MÜRBETEIG

175 g	Weizenmehl
25 g	Mandeln, gemahlen
2 EL	Kakao
80 g	Zucker
100 g	Margarine
2 EL	Mandelmilch
1 Prise	Salz

FÜLLUNG

2	Avocados, reif
1	Banane, reif
5 EL	Kakao
2 EL	Zitronensaft
1 EL	Agavendicksaft
50 g	dunkle Kuvertüre
3 EL	Kakao

MANDELKROKANT

25 g	Mandeln (gehobelt)
4 TL	Puderzucker
1 Prise	Fleur de Sel

Für das **Waldbeersorbet** Wasser mit Zucker in einem Topf zum Kochen bringen. Die Waldbeeren dazugeben und nochmals aufkochen. Alles fein pürieren und in einer Eismaschine gefrieren. Alternativ in einer Schüssel im Tiefkühlfach gefrieren lassen, dabei dann aber gelegentlich umrühren.

Für den **Mürbeteig** alle Zutaten zu einem glatten Teig verarbeiten und 15 Minuten kalt stellen. Ausrollen und 4 eingefettete Tarteförmchen damit auslegen. Im vorgeheizten Ofen bei 180 Grad Umluft etwa 10 Minuten backen.

Die Avocados entkernen und das Fruchtfleisch aus der Schale lösen. Mit der Banane, dem Kakao, Zitronen- und Agavendicksaft mithilfe eines Stabmixers zu einer glatten **Füllung** pürieren. Die dunkle Kuvertüre im Wasserbad schmelzen und unter die Masse heben. 10 Minuten kalt stellen und in die Tarteförmchen füllen. Mit dem Kakao bepudern.

Je nach Saison machen wir unseren Krokant aus verschiedenen Nüssen wie Mandel, Walnuss oder auch Haselnuss. Die Zubereitung ist immer einfach: Die Nüsse hacken oder in Scheiben schneiden, dann in einer Pfanne bei niedriger Hitze leicht bräunen. Mit Puderzucker bestreuen und leicht karamellisieren lassen. Den **Mandelkrokant** aus der Pfanne nehmen und mit einer Prise Fleur de Sel verfeinern.

Die Schokotartes vorsichtig aus den Förmchen lösen und mit dem Sorbet, dem Krokant und einer Auswahl an verschiedenen Beeren servieren.

Lisa mit den Schokohänden

Im Schwarzwald gibt es einen Ort, der auf schokoladige Art glücklich macht. In der Chocolaterie von Lisa Rudiger in Titisee-Neustadt liegen die Glücklichmacher in Reih und Glied in der Auslage: Schokopralinen, Schokosplitter, Schokotörtchen …

Wir müssen an dieser Stelle gleich mal ehrlich sein: Dieses Bild da rechts ist gestellt. Denn Lisa macht ja viel von Hand, für Osterhasen aber nutzt sie Formen. „Bei der Menge vor Ostern könntet ihr mich ansonsten gleich um die Ecke bringen", scherzt die TV-Konditorin, die zuletzt auch als Autorin von „Schwarzwald Reloaded 3" von sich reden machte, dem erfolgreichen Heimatbackbuch von team tietge. Trotzdem muss sich natürlich keiner Sorgen machen. Die Schokolade wurde (erkaltet) ordnungsgemäß wieder abgekratzt – und mit Genuss verspeist! Wäre ja auch zu schade um das gute Zeug gewesen …

Schokolade ist Lisas Ding. Auch wenn sie's zu Hause in der Familie eigentlich lieber herzhaft mögen. „Meine Mann und meine Kinder sind da gnadenlos", erzählt uns Lisa, die selbst gern zwischendurch in die Salami beißt, und lacht. Da bleibt der übrig gebliebene Schokokuchen auch gern mal stehen. „Andere Kinder wären da sicherlich dankbarer."
Zu Hause – das ist eine Etage über ihrem süßen Geschäft, das in Neustadt etwas abseits in Bahnhofsnähe liegt. Der treuen Kundschaft ist's egal. Sie kommt, das ganze Jahr, und nicht nur zu Ostern und Weihnachten, weil sie eben weiß, wie gut Lisa Rudiger ihr Handwerk beherrscht. Neben unterschiedlichsten Pralinen findet sie hier auch Schokotafeln, Bonbons, Nougataufstriche, Tee oder Powerballs mit Datteln. Eben alles, was das süße Herz begehrt …

LISA
DIE KRÖNUNG
DER PRALINE

Ob Schokoladenwürfel mit Aprikosen-Rum-Füllung oder Schokokuchen aus dem Glas: Lisas Kreationen sind so simpel wie lecker ...

Lisas Leben ist süß. Und das schon seit vielen Jahren. In Neustadt machte sie als junge Berufseinsteigerin im damaligen Café Butsch eine Konditorenausbildung, anschließend ihren Meister in Stuttgart. Danach stand Lisa als Pâtissière in den Küchen großer Hotels, im Palace Hotel St. Moritz etwa, und dann noch im Parkhotel Adler im nahen Hinterzarten. Schokolade – das war ihres. „Das habe ich schnell entdeckt, dann war der Weg eigentlich klar", erzählt die Konditorin. Also ging sie zurück ins Elternhaus nach Titisee-Neustadt und baute das ehemalige Sportgeschäft kurzerhand zu einer Chocolaterie um. Den Sportladen betreiben Bruder und Vater – der früher sehr erfolgreiche Skirennläufer Egon Hirt – an anderer Stelle im Ort weiter.

„Ich hab dann einfach gemerkt, dass Schokolade genau mein Ding ist."

Lisa Rudiger

2007 war das. In ihrem Umfeld munkelten manche, ob das auch wirklich klappen würde mit dem etwas abgelegenen Geschäft? Zumal Lisa nicht viel später dann auch noch mit ihrer Tochter Liv schwanger wurde. Und wie es klappte! Dorthin, wo jede Menge Liebe drinsteckt, kommen Menschen schließlich immer gerne. Lisa machte ihr Ding – und sie machte es offensicht-

„Wie viel Kalorien da drin sind? Eine ganze Menge! Aber ist das wichtig?"

Lisa über ihre schokoladigen Lebensfreuden

lich gut. So gut, dass nur ein Jahr später dann auch schon das Fernsehen an die Tür klopfte. Seither fährt Lisa mindestens einmal im Monat nach Baden-Baden, um beim SWR ihre süßen Ideen in der TV-Sendung „Kaffee oder Tee" an die Zuschauer weiterzugeben – mittlerweile als eine der dienstältesten Expertinnen. 2021 folgte dann auch noch ihr Backbuch, das sie zusammen mit den Genussbotschaftern des Magazins #heimat Schwarzwald und einigen weiteren süßen Könnern der Region – darunter auch Walburga Rombach vom legendären Hochschwarzwälder Landfrauencafé Goldene Krone – auf die Beine stellte.

Richtig temperiert lässt sich die Schokolade am besten verarbeiten. „Ideal sind 31 Grad", weiß Lisa. Wird sie zu heiß, verliert sie an Glanz

Doch zurück zu unserem anderen Hauptdarsteller: der Schokolade. Die kreist gerade in verflüssigter Form in großen Bottichen in Lisas Küche, perfekt temperiert. Wie viele Kalorien da wohl drin sind, wollen wir wissen. Die Hausherrin lacht. „Eine Menge", sagt sie. „Aber ist das wichtig?" Natürlich nicht! Ein bisschen Know-how gibt es für uns dann aber trotzdem noch mit nach Hause: „Wer Schokolade zu Hause im Wasserbad macht: 40 Grad, mehr dürfen es nicht werden. Zum Verarbeiten sind 31 ideal", sagt Lisa. Ihr Trick: Zwei Drittel der benötigten Schokolade auf 40 Grad erhitzen und die restliche dann hinzugeben. So bekommt man die perfekte Temperatur. Warum eigentlich diese Herumhantiererei mit dem Thermometer? „Wer die Schokolade zu heiß macht, verliert am Ende den Knack – und die glänzende Optik."

Schokolade sei eben ein zartes Sensibelchen, weiß die Expertin. In jedem Fall aber eines, für das sich diese Mühe mit dem Thermometer lohnt. „Schließlich gibt es so viele Möglichkeiten in der süßen Küche, quasi unendlich", schwärmt die Chocolatière und zeigt uns wie zum Beweis ihre Schoko-Pizza – ein Renner auf Kindergeburtstagen. Haben muss man diese ganzen Ideen aber trotzdem …

Index

Q

R

S

T

V

W

Z

Rezepte nach Köchen

Schwarzwald Reloaded 1: #heimat neu interpretiert

90 spektakuläre Rezepte von 30 der besten Köche des Südwestens, die zeigen: Der Schwarzwald ist nicht nur an Traditionen orientiert, sondern auch weltoffen, mutig und offen für völlig Neues.

ISBN 978-3-9816148-6-2
HARDCOVER 240 SEITEN
ULF TIETGE
29,80 EURO

Schwarzwald Reloaded 2: die nächste Runde

Nach dem Erfolg von *Schwarzwald Reloaded* setzen wir noch mal einen drauf: Es wird noch regionaler, noch leckerer, noch inspirierender und noch leichter nachkochbar! Mit großer Heimat-Kochschule

ISBN 978-3-9816148-8-6
HARDCOVER 288 SEITEN
ULF TIETGE
29,80 EURO

Schwarzwald Reloaded 3: das #heimat-Backbuch

Dass der Schwarzwald in der Backstube viel mehr zu bieten hat als Kirschtorte, beweisen wir zusammen mit Fernsehkonditorin Lisa Rudiger in unserem Backbuch – inklusive großer Backschule

ISBN 978-3-949346-01-9
HARDCOVER 288 SEITEN
ULF TIETGE, LISA RUDIGER
29,80 EURO

Schwarzwald Reloaded IV: das Veggie-Kochbuch

Der Schwarzwald von seiner grünen Seite – interpretiert von Spitzenköchen aus der Region: Unser neues Veggie-Kochbuch eröffnet Dir eine Welt voll neuer Möglichkeiten.

ISBN 978-3-949346-02-6
HARDCOVER 256 SEITEN
ULF TIETGE
29,80 EURO

Schwarzwald Reloaded V: das Vesper-Buch

Für das große Vesper-Buch haben wir kulinarische Traditionen aufgegriffen und neu interpretiert. Es gibt Seelenfutter, neue Entdeckungen und die vielleicht leckersten Reste-Rezepte aller Zeiten!

ISBN 978-3-949346-05-7
HARDCOVER 288 SEITEN
ULF TIETGE
34,80 EURO

Seelenfutter: Auf der Suche nach Glück auf Tellern

Der Baden-Badener Fernsehkoch Ronny Loll und seine Suche nach echten Lieblingsgerichten – mit Köchen wie Sarah Wiener, Rainer Sass, Ludwig „Lucki" Maurer und Veronique Witzigmann.

ISBN 978-3-949346-00-2
HARDCOVER 288 SEITEN
RONNY LOLL
29,80 EURO

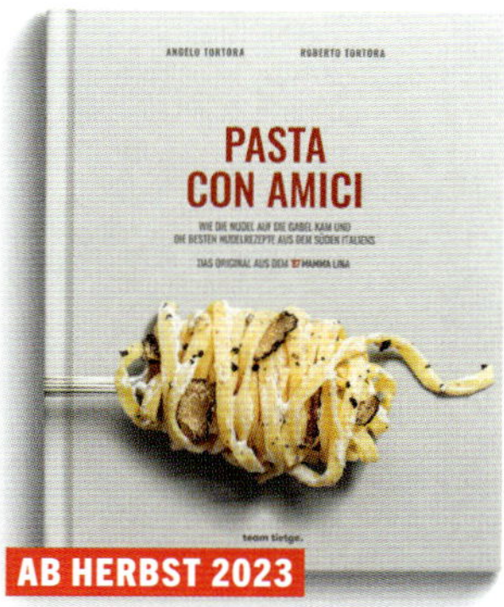

Pasta con Amici: Die besten Rezepte aus Italiens Süden

Neapels Pizza kennt jeder. Dass aber der Süden Italiens in Sachen Pasta den Vergleich mit Bologna & Co. nicht scheuen muss, beweisen Baden-Badens Tortora-Brüder mit ihrem zweiten großen Kochbuch.

ISBN 978-3-949346-06-4
HARDCOVER 208 SEITEN
ANGELO & ROBERTO TORTORA
29,80 EURO

Pizza con Amore: die nächste Generation

Next Generation Pizza: Dafür stehen die Tortora-Brüder aus Baden-Baden. In ihrem Mamma Lina beweisen sie: Die Pizza-Welt unserer Zeit hat viel mehr zu bieten als Prosciutto und Quattro Stagioni.

ISBN 978-3-949346-03-3
HARDCOVER 208 SEITEN
ANGELO & ROBERTO TORTORA
29,80 EURO

Hier geht's zum Tietge Verlag

Die Heimat guter Bücher

Ein Überblick über alle unsere Veröffentlichungen gefällig? Kein Problem, besucht uns einfach im Netz auf tietge-verlag.de

Als Offenburger Buchmanufaktur haben wir mittlerweile viele kulinarische Highlights zwischen zwei Buchdeckel gepackt: Schwarzwälder Klassiker neu interpretiert in der erfolgreichen *Schwarzwald-Reloaded*-Reihe, original neapolitanische Pizza in *Pizza con Amore* oder die besten Rezepte für den Grill in *Born to Grill*. Und seit neustem gehören auch noch die vielen spannenden Bücher aus dem Münchner Olivia Verlag mit seiner preisgekrönten Nose-to-Tail-Reihe oder seinen Kinderkochbüchern dazu.

Ihr wollt mehr über uns wissen? Dann besucht uns einfach im Netz auf tietge-verlag.de. Hier erfahrt ihr nicht nur noch viel mehr über unsere Bücher und wo ihr sie bekommen könnt, sondern auch noch einiges über uns und wie die Bücher entstehen. Wir freuen uns auf Euch!

Die in diesem Buch enthaltenen Empfehlungen, Angaben und Rezepte sind von den beteiligten Köchen und der Redaktion mit größter Sorgfalt zusammengestellt und geprüft worden. Eine Garantie für die Richtigkeit der Angaben kann aber nicht gegeben werden. Herausgeber und Verlag übernehmen keine Haftung für Schäden und Unfälle. Der Verlag team tietge ist auch nicht verantwortlich für die Inhalte der in diesem Buch genannten Websites.

Die Deutsche Nationalbibliothek verzeichnet diese Publikation in der Deutschen Nationalbibliografie; detaillierte bibliografische Daten sind online über http://dnb.d-nb.de abrufbar.

Zum Ausgleich der für diese Produktion entstandenen CO_2-Emissionen unterstützen wir das Projekt Heimatwald und engagieren uns für die klimaresiliente Aufforstung heimischer Waldflächen. Aus Umweltgründen verzichten wir auch darauf, unsere Bücher einzeln mit einer Klarsichtfolie zu versehen.

Gleichberechtigung und Gleichstellung sind uns wichtig: Für eine optimale Lesbarkeit und ein leichtes Verständnis verwenden wir das generische Maskulinum und verzichten auf die gleichzeitige Verwendung diverser Sprachformen. Sämtliche Personenbezeichnungen gelten gleichermaßen für alle Geschlechter.

HERAUSGEBER	Ulf Tietge, Thorsten Rudolph
PROJEKTLEITUNG	Sophia von Hirschhausen
FOTOGRAFIE	Dimitri Dell
REZEPTE	Aline Wimmer-You, Matthias Schwer, Lorenz Baschnagel, Iván Lagunas Romeo, Manuel Schwörer, Johannes Dünnebacke, Daniel Frech, Alexander Maier, Volker Hupfer
IDEE UND KONZEPTION	Stephan Fuhrer, Sabrina Pfrengle
REDAKTION	Stephan Fuhrer, Verena Vogt, Pascal Cames, Sarina Doll, Thomas Glanzmann, Christine Kern, Ulf Tietge, Nina Wolf
LEKTORAT	Dr. Judith Holuba
LAYOUT	Sophia von Hirschhausen, Kristina Fischer (Art Direction)
UMSCHLAGGESTALTUNG	Nina Wagener, Kristina Fischer
HERSTELLUNG & REPRO	Sophia von Hirschhausen, Kristina Fischer, Pascal Oertel, Helena Schuwie, Susanne Tietge
DRUCK UND BINDUNG	FINIDR, s.r.o., Lípová 1965, 737 01 Český Těšín, Tschechien
IN KOOPERATION MIT	der Hochschwarzwald Tourismus GmbH

Wilhelmstraße 31, 77654 Offenburg
info@tietge.com · www.tietge.com

ISBN 978-3-949346-04-0 · 2. Auflage · Mai 2023